황폐한 성소에 주의 얼굴빛을 비추소서!

| 포로 시대와 팬데믹 시대를 위한 다니엘서 읽기 |

황폐한 성소에 주의 얼굴빛을 비추소서!
포로 시대와 팬데믹 시대를 위한 다니엘서 읽기

초판 1쇄 인쇄 | 2022년 2월 14일
초판 1쇄 발행 | 2022년 2월 21일

지은이 배정훈
펴낸이 김운용
펴낸곳 장로회신학대학교 출판부

등록 제1979-2호
주소 04965 서울시 광진구 광장로5길 25-1 (광장동)
전화 02-450-0795
팩스 02-450-0797
이메일 ptpress@puts.ac.kr
홈페이지 http://www.puts.ac.kr

값 15,000원
ISBN 978-89-7369-481-5 93230

황폐한 성소에
주의 얼굴빛을
비추소서!

| 포로 시대와 팬데믹 시대를 위한 다니엘서 읽기 |

배정훈 지음

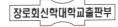
장로회신학대학교출판부

이 저서는

2021년 순교자김상현목사가족기념석좌기금의

지원으로 수행된 연구임

책을 내면서

코로나를 맞이하면서 마치 잠에서 깨어난 것 같았다. 익숙해져 있는 많은 것들이 깨어짐으로 위기가 초래되었지만, 그것은 끝이 아니라 시작을 알리는 소리였다. 교회의 오랜 전통이 흔들리면서 교회의 위기가 찾아오고, 전통에 가리워 숨어 있던 신앙의 본질이 서서히 모습을 드러내기 시작하였다. 최근 팬데믹 시대를 보내면서 나는 이 시대가 다니엘서를 다시 읽어야 하는 시대임을 깨달았다. 삶의 전부로 여겼던 가나안 땅과 성전, 왕정을 잃고 바벨론에 포로로 끌려와서 역사 속에서 사라질 것같은 유다 백성들, 그들에게 포로살이는 오랜 전통을 부수고 새로운 시대에 적응해야 하는 도전이었고, 신앙의 본질과 맞서야 하는 시대임을 깨닫고 치열하게 살아내야 했다. 주전 6세기 바벨론의 포로살이는 안티오쿠스 4세 치하에서 박해를 받던 주전 2세기 유다 백성들이 맞이한 포로살이를 극복하기 위한 모델이었으며, 예수의 재림을 기다리던 기독교 공동체를 위한 종말론의 기초가 되었다. 그리고 팬데믹 시대에는 기독교를 향하여 낡은 틀을 깨고 신앙의 본질 위에 다시 서라고 외치는 계시이다.

기독교의 전통이 흔들리는 팬데믹 시대와 다니엘서가 쓰인 포로 시대가 중첩되면서, 다니엘서 연구가 코로나 19로 인하여 시작된 기독교 전환의 시대에 필요하다는 것을 깨달았다. 특히 팬데믹 시대에 회복을 기다리는 교회는 다니엘의 기도가 절실하다. 다니엘이 황폐한 성소에서 다시금 하나님의 임재를 소망하는 기도를 드렸듯이 말이다.

그동안 쓴 다니엘에 관한 책들이 학자들에게 초점을 맞춘 것이었기에 다시금 목회자들이나 신학생, 그리고 평신도들도 쉽게 이해할 수 있는 책을 쓰고 싶은 소망을 가졌다. 그러던 중 2020년도 말부터 기독공보에 다니엘서에 관하여 12번을 연재하는 기회가 있었다. 이번이야말로 다니엘서에 관한 책을 더 쉽게 쓸 수 있는 기회로 여기고 글을 쓰면서, 이 글들을 확장하여 책을 쓰기로 결심하였다.

이 책은 이전에 쓴 책들보다 더 실천적으로 교회를 염두에 두고 썼으며, 특별히 7장부터 12장까지에 드러난 묵시를 어떻게 교회 신앙에 적용할 수 있을까 하는 고민을 담았고, 그동안 미진하였던 11장과 12장의 내용도 충분히 보강했다. 특히 이상적인 다니엘서 연구는 요한계시록을 준비하는 것인데 다니엘서와 요한계시록을 비교하며 연구하기에 좋은 출발이 되었으면 하는 바램이다. 특별히 2009년도에 한일장신대에서 나의 수업을 듣던 학생 김계환 목사께서 보고서를 낼 때마다 쓴 다니엘서에 관한 시를 허락받아 이 책에 담았고 그래서 책이 더 풍성해진 것에 대하여 고마움을 전하고 싶다. 또한 이 책의 초고로 함께 토론하며 삶을 나누어 준 디딤돌 목회자들과, 책을 전체적으로 검토하고 수정하여 읽기 편하게 도와주신 조승현 목사께 감사의 말을 전한다.

광나루에서
배정훈

목차

책을 내면서   005

서론 포로 시대를 위한 다니엘서 읽기   013

1 신앙의 본질에서 다시 시작하라! (다니엘서 1장)   021

2 제국의 종말은 온다 (다니엘서 2장)   041

3 그렇게 하지 아니하실지라도 (다니엘서 3장)   063

4 왕의 뼈아픈 포로살이 (다니엘서 4장)   083

5 신성모독의 시대 (다니엘서 5장)   101

6 위기 시대에 찾아오는 하나님의 기적 (다니엘서 6장)   117

7 묵시의 시대 (다니엘서 7장)   133

8 어느 때까지입니까? (다니엘서 8장)　　　　　　　157

9 회복을 위한 다니엘의 기도 (다니엘서 9장)　　　173

10 큰 은총을 받은 자여! (다니엘서 10장)　　　　　193

11 역사 속에 숨겨진 계시 (다니엘서 11장)　　　　211

12 역사의 종말을 기다리며 (다니엘서 12장)　　　237

결론 포로 시대와 팬데믹 시대를 위한 다니엘서 읽기　255

부록 다니엘서와 신약성경과의 관계　　　　　　　261

서론

포로 시대를 위한
다니엘서 읽기

팬데믹 시대에 우리는 다니엘서를 다시 읽어야 한다. 팬데믹 시대와 다니엘서는 "포로"라는 주제를 공통적으로 다루면서 급변하는 시대에 기독교의 본질을 보여주기 때문이다. COVID-19$^{이하 코로나}$가 세상을 바꾸고 있다. 코로나 전염병의 위협은 잠깐이며 삶이 빠르게 복귀될 줄 알았다. 그러나 현실은 기대와 전혀 다르다. 코로나는 세계에 충격을 주었을 뿐 아니라, 기독교에게도 큰 도전이 되었다. 기독교를 향한 코로나의 도전은 무엇인가? 기독교 안의 문제들이 민낯처럼 드러났으며 전통이 흔들린 것이다. 과거의 전통들은 힘없이 무너지고, 새로운 전통은 미쳐 정립되지 않은 채 혼돈의 시대에 직면하고 있다. 코로나는 침범할 수 없는 기독교의 중심을 공격했다. 가장 대표적인 것이 예배와 공동체성이다. 물론 긍정적인 도전도 있다. 비대면의 신앙생활은 교회란 건물이 아니라 공동체임을 새삼 가르쳐 주었다. 세속적 성공을 추구하는 번영신학에도 제동을 걸었다. 심화되는 빈부 격차와 약자의 눈물, 청년층의 탄식에 대한 사회적 책임을 일깨웠다. 그렇게 코로나는 교회의 낡은 형식을 버리고 다음 세대를 위한 새로운 패러다임을 준비하도록 도전한다. 또한 코로나의 직접적인 원인은 인간의 자연 파괴로 인한 자연의 역습으로 판명되었다. 자연의 역습으로부터 인류를 구원하려면 자연을 공존의 대상으로 보는 생태신학를 필요로 한다. 이처럼 코로나는 위기이면서 틀을 바꿀 새로운 기회로 다가왔다. 이제 교회는 한 번도 가보지 않은 길을 가야 하는 상황이다.

이러한 위기와 도전은 비단 현시대만의 문제였을까? 아니다.

신앙의 유산이 송두리째 흔들리는 팬데믹 시대의 모습은 구약의 포로 시대와도 유사하다. 예루살렘 성전에서 하나님의 임재를 경험하면서 다윗 왕조 아래 살던 선민의 삶과 신앙은 바벨론 포로살이로 부서졌다. 그러나 이스라엘 백성들은 바벨론 포로 시기에 신앙의 낡은 옷을 버리고 새로운 틀을 찾기 시작했다. 그렇다. 포로 시대와 팬데믹 시대를 연결하는 "포로"라는 주제는 구약성서의 핵심적인 주제일 뿐 아니라 다니엘서에서 깊이 다루고 있다.

먼저 "포로"라는 주제가 이 시대의 기독교와 성서적인 전통에 어떻게 연결되는지 살펴보자. "포로"는 성서에서 오랫동안 발전해 온 개념이다. 원래 "포로"라는 말은 역사적으로 이스라엘이 멸망하여 처음으로 경험한 역사적인 실재이다. 이스라엘 백성들은 나라가 멸망되고 강제이주로 포로의 삶을 살았다. 그러나 "포로"라는 말은 단지 강제이주라는 상황만을 의미하지 않는다. 귀환한 후에도 사회의 지배적 가치와는 반대되는 환경에서 자신을 이질적인 존재로 자각할 때 "포로"를 사용한다.[1] 이러한 '포로개념'은 성서 전체에 나오는 신앙인의 본질이다.[2] 최초의 인간인 아담과 하와는 추방되어 "포로"로 살아갔고, 가인은 땅에서 유리된 채 "포로"로 살아갔다. 족장들은 약속의 땅에서 나그네로 살았다. 애굽에 살던 이스라엘 백성들은 430년 동안

---

1   Paul Tabori, *The Anatomy of Exile: a Semantic and Historical Study* (London: Harrap, 1972), 32.

2   Beach, 24. 구약성서에서도 포로의 개념을 신학적으로 이해하는 시도가 있다. Ralph Klein, *Israel in exile: A theological Interpretation* (Philadelphia: Fortress, 1979); Robert P. Carroll, "Exile! What Exile?: Deportation and the Discourse of Diaspora," in *Judaic Religion in the Second Temple Period* (New York : Routledge, 2000); Jacob Neusner, "Exile and Return as the History of Judaism," in *Exile, Old Testament, Jewish and Christian Perspectives*, ed. James Scott (Leiden: Brill, 2001).

"포로"로 살면서 출애굽을 기다렸다. 가나안 땅을 차지한 이스라엘 백성들은 다윗-솔로몬 제국을 잠시 누렸을 뿐, 아람, 앗수르 그리고 바벨론 등의 강대국들의 침략으로 포로 아닌 포로의 삶을 살다가 마침내 땅을 잃고 "포로"가 되었다. 이스라엘이 귀환 이후에도 강대국의 노예 같은 삶으로 여전히 "포로의 상태"라고 고백한다. "포로의 상태"에서 회복을 구하며 은혜의 해를 사모하였고, 예수 그리스도는 "포로"에 처한 자기 백성들을 구원하시려고 이 땅에 오셨다. 신약성서는 교회를 구원이 완성된 것이 아니라 나그네로서 본향을 향해 가는 "포로의 존재"로 규정한다.

기독교의 역사는 기독교 국가 Christendom 시대와 기독교 국가 이후의 시대로 구분된다. 주후 4세기 콘스탄틴 황제 이후의 기독교는 세계 역사에서 제국의 종교였고, 권력과 권세의 중심이었고, 문화와 사회의 도덕적 구조를 형성하는 역할을 했다. 계몽주의와 근대주의 modernity 시대가 도래하면서 '기독교 국가'의 기초가 무너지기 시작했다. 20세기 후에는 풍요,[3] 세속화,[4] 변화하는 사회정황[5] 등이 기독교를 세계와 삶의 변방으로 밀어내고 있다. '기독교 국가' 이후 시대를 살아가는 신앙인들이 자기 정체성을 "포로"로 이해해야 한다.[6] "포로"라

---

[3] 특히 미국이나 캐나다의 경우 2차 세계대전 경제적인 풍요로움이 개인의 부를 증가시키고, 종교적인 위로에 덜 의존하게 만들었다고 본다. Lee Beach, *The Church in Exile: Living in Hope After Christendom* (Downers Grove, Illinois: IVP, 2015), 36-38.

[4] 세속화란 하나님을 유일한 존재로 인정하지 않는 다원화 경향과 인간의 역사에 대하여 더 이상 종교적인 설명이나 특정 종교의 우선권을 인정하지 않는 사회를 말한다. 세속화 시대에 이성적 과학적 세계관이 기독교 세계관을 대체한다. 세속화를 통하여 교회는 사회와 문화의 중심에 있는 것이 아니라 개인적인 영역이나 변방으로 이동하게 되었다. Beach, 38-44.

[5] 변화하는 사회 정황이란 세계가 좁아지고 서구에서는 세계 각처의 이민자들을 통하여 다양한 종교와 철학을 접하고 다원화를 인정하지 않을 수 없는 변화를 의미한다. Beach, 44-45.

는 말은 기독교가 스스로를 더 이상 세계의 중심 center 이 아니라 낯선 변방 margin 으로 인식하는 것을 의미한다. 기독교의 본질은 세상에서 군림하며 존재하는 것이 아니며, 오히려 중심에서 벗어나 변방에서 섬기는 존재로 인식하는 것이다.

이처럼 "포로"의 주제는 기독교 국가 이후를 살아가는 그리스도인들에게 자신의 정체성을 확인하고 섬기는 존재로 살기를 요청한다. 다니엘서는 신앙인의 정체성을 "포로"로 이해하는 "포로의 신학"을 확연하게 보여준다. 이러한 자기 이해의 인식 전환은 팬데믹 시대를 통하여 재발견되기를 요청한다. 팬데믹 시대를 어떻게 살 것인가? 를 고민하는 신앙인으로서 다니엘서를 읽자. 오늘 팬데믹 시대에 포로 시대에 읽혔던 다니엘서가 필요한 이유를 발견하게 될 것이다.

황폐한 성소에 주의 얼굴빛을 비추소서!

〈바벨론 포로〉 티소트(James Tissot, 19세기 프랑스 화가)

1

신앙의 본질에서 다시 시작하라!
(다니엘서 1장)

포로의 책으로 읽는 다니엘서

다니엘서는 포로의 위기를 극복하며 '새로운 포로'를 준비하도록 돕는 포로의 책이다. 다니엘서는 전반부^{1-6장}와 후반부^{7-12장}로 나뉘며, '포로'라는 주제에는 통일성이 있으나, 역사적 배경은 각각 다르다.

> 1부 (1-6장) : 역사적인 포로, 주전 6세기 포로들의 이야기
> 2부 (7-12장) : 신학적인 포로, 주전 2세기 포로들에 관한 예언

전반부의 배경은 주전 6세기에 바벨론에게 멸망된 유다 백성들의 포로 생활이다. 후반부의 배경은 주전 2세기 유다 백성들에게 찾아온 그리스 통치자 안티오쿠스 에피파네스의 박해다. 이처럼 서로 다른 배경의 연결고리는 다니엘과 '포로'이다. 다니엘은 1-6장에서는 주전 6세기에 포로 살이를 했던 자로 나타나고, 7-12장에서는 포로 가운데 있을 주전 2세기 유다 공동체를 위한 예언하는 자로 등장한다.

다니엘서를 포로의 책으로 읽을 때는 두 가지 사항을 염두에 두어야 한다.

첫째, 다니엘은 주전 6세기에 바벨로 포로의 역사적인 경험자이면서 400년 후를 예언할 수 있는 권위를 가진 인물이다. 그는 70년 포로기의 시작부터 마지막까지 고난을 견디면서, 포로의 의미를 해석한 디아스포라 중 한 명이다. 그는 포로였지만 신앙의 마지노선인 토

라를 지켜내면서 동시에 바벨론의 학문을 습득한다. 그리고 유다의 세 친구들과는 다르게 꿈과 환상을 해석하는 은사를 받는다. 다니엘서 1-6장은 포로를 허용하신 하나님, 포로 생활, 지배자들, 그리고

다니엘은 주전 6세기 바벨론 포로의 역사적인 경험자이면서, 400년 후를 예언할 수 있는 권위를 가진 인물이다.

포로 생활의 종언과 하나님 나라 도래를 소망한 포로들의 이야기다. 반면에, 다니엘서 7-12장은 또 다른 포로 생활을 하는 유다 백성들의 이야기다. 70년 포로 생활을 끝낸 이스라엘 백성들은 약속의 땅 가나안으로 귀환 후 성전재건과 에스라-느헤미야 개혁으로 새로운 공동체를 건설했다. 그 후 주전 2세기에 직면한 문제는 그리스 왕 안티오쿠스 4세에 의해 예루살렘 성전이 훼파된 것이다. 다니엘서는 이 상황을 '신학적인 포로'라고 정의한다. '신학적'이라는 말은 바벨론 포로 생활은 끝났지만, 성전이 훼파됨으로 또 다른 포로 생활을 하게 된 것을 의미한다. 다니엘은 '신학적 포로'를 경험할 주전 2세기 공동체들을 도울 수 있었다. 그는 이미 포로를 경험했기 때문에 그 이후 포로 상황에 있는 세대에게 예언할 권위를 충분히 갖고 있었던 것이다.

둘째, 다니엘서의 형식이다. 7-12장의 예언은 주전 6세기~2세기를 사는 모든 이들을 위한 예언이 아니다. 이 예언은 숨겨졌다가 포로기 마지막인 '한 때 두 때 반 때'가 남은 시기에 주어진 예언이다. 핍박이 가장 심했던 69이레와 반 이레가 지나고 반 이레^{세 때 반}가 남은 시점이다. 이때 유다 공동체는 다니엘의 예언을 통해서 악의 세력은 이미 하늘에서 멸망되었고, 곧 땅에서도 악이 끝나고 영원한 하나님 나라가 도래할 것을 확신했다. 현재의 고난이 깊지만, 남은 '반 이레'

후에 역사의 종말과 함께 하나님 나라가 임할 것이기 때문에 믿음을 지킬 것을 요구한다. 이처럼 다니엘서를 읽는 주전 2세기 공동체는 주전 6세기 공동체처럼 인내를 요청받는다. 그들이 경험한 위기는 전혀 새롭지 않다. 주전 6세기 디아스포라가 경험한 역사는 주전 2세기 공동체에게 예언이 되어 성취를 기다린다. 하나님의 허락으로 포로가 시작되었지만, 하나님은 "왕을 세우고 폐하기도 하시는 분"이며, 삶의 위기를 토라로 견디는 자들에게 기적을 베푸신다는 것을 배워야 했다. 이처럼 7-12장은 다니엘에 의해 주전 2세기 공동체가 경험하게 될 새로운 신학적 포로를 견딜 수 있도록 주어졌다.

바벨론이 유다를 강타하다 (1-2절)

다윗과 솔로몬에 의해 세워진 유다는 통일 국가로 잠시 부흥기를 맛보았으나 곧 분열되었고, 제국들의 잦은 침략으로 점점 쇠퇴했다. 북이스라엘이 먼저 앗수르의 침략으로 무너졌고, 남유다는 신흥 강국 바벨론 느부갓네살 왕의 예루살렘 침략으로 무너졌다^{주전 605년, 597년, 586년}. 바벨론의 1차 침공 때 예루살렘은 함락되고 유다 왕 여호야김은 바벨론의 포로가 된다. 느부갓네살은 승리의 기념으로 예루살렘 성전 기구 일부를 바벨론^{시날} 땅 보물 창고에 전시한다. 바벨론 신 마르둑의 도움으로 유다와의 전쟁에서 승리했다는 것을 자축한 것이다. 다니엘서는 유다 멸망의 상황을 두 절로 요약한다.

> 유다 왕 여호야김이 다스린 지 삼 년째 되던 해에, 바벨론 왕 느부갓네살
> 이 예루살렘에 전쟁을 선포하고 도성을 포위했다. 주께서 유다 왕 여호
> 야김과 하나님의 성전 그릇 일부를 느부갓네살의 손에 넘기셨다. 그는
> 왕을 포로로 잡아가면서 성전 그릇도 함께 챙겨 고대 시날 땅인 바벨론
> 으로 가지고 갔고, 그것들을 신전 보물창고에 넣어 두었다. 메시지 성경. 단
> 1:1-2

바벨론 침략으로 성전과 가옥이 파괴되고, 유다 백성들이 죽어
갔지만. 다니엘서는 이 절망스러운 충격을 두 절로만 짧게 보고한다.
유다는 자신의 멸망과 함께 왕과 성전 그릇에 대한 느부갓네살 왕의
수탈을 하나님의 뜻으로 받아들였다는 뜻이다.

바벨론 포로가 된 이후 유다 백성들에게 어떤 변화가 생겼을
까? 유다 패망 전에는 자신들이 하나님 백성이라는 정체성을 보여주
는 유산들이 있었다. 약속의 땅 가나안, 예루살렘 성전, 성전의 제의
제도, 다윗 왕조의 통치 등이다. 가나안은 430년간의 노예에서 이집
트를 탈출하여 40년 광야를 거쳐 얻은 하나님이 조상들에게 약속하
셨던 거룩한 땅이다.

가나안 정착 이후 북이스라엘과 남유다 역사에서 가장 중요한
두 가지는 다윗 왕조와 예루살렘 성전이다. 하나님은 하늘 성소와 땅
의 성소가 만나는 장소로 모세의 성막을 정하셨고, 솔로몬 성전을 건
축하고 그곳에 거하시기로 작정하셨다. 유다 백성들은 성전 제사를

통해 하나님의 임재를 체험했고 하나님 나라를 경험할 수 있었다. 동시에 다윗 왕조는 하나님의 정의와 공의를 구현하는 하나님의 대행인이 되었다.

포로생활이 삶의 일부가 되다 (3-7절)

이제 유다의 멸망으로 모든 신앙의 유산을 한꺼번에 상실했다. 유다 백성들은 성전 파괴로 제사를 드릴 수 없고, 다윗 왕조의 맥이 끊어지고 왕 없는 민족으로 살아야 했다. 약속의 땅을 잃고 이방 땅에 거해야 했다. 과연 유다 백성들이 땅과 왕, 성전과 제사를 상실했는데도 여전히 하나

과연 유다 백성들이 땅과 왕, 성전과 제사를 상실했는데도 여전히 하나님의 백성이 되는가? 이것이 바벨론 포로가 된 유다 백성들의 궁극적인 질문이다.

님의 백성이 되는가? 이것이 바벨론 포로가 된 유다 백성들의 궁극적인 질문이다. 만약 포로기 이전의 유산만이 하나님 백성의 정체성의 증거라면 더 이상 하나님 백성이 될 수 없다. 그러나 신앙의 형식을 잃었다 해도, 신앙의 본질을 담을 새 형식이 있다면 하나님 백성으로 계속 살아낼 수 있다. 그래서 유다 백성들은 한 번도 상상하지 못한 바벨론 포로의 현실 속에서 새로운 신앙 전통을 만든다. 3절부터는 바벨론 포로의 현실을 삶의 일부로 수용한 자들의 이야기이다. 그들

은 포로의 현실 때문에 하나님께 탄식은 하지만 불가항력적인 현실을 삶의 일부로 끌어안는다. '포로 생활이 우리의 현실이야!'.

'포로'로서 첫 번째 과제는 '적응'이었다. 적응의 의미란 포로 생활은 고통스럽지만 하나님의 뜻으로 믿고 삶의 일부로 받아들였다는 뜻이다. 바벨론은 유다의 왕을 폐하고, 유다인을 비참하게 죽이고, 예루살렘 성전에 있는 성전 그릇을 가져갔고, 유다 백성들을 감시한다. 그럼에도 유다 백성들은 느부갓네살 왕의 통치에 순종하기로 한다. 그들은 저항할 수 없는 현실에서 탈출 또는 자살이 아니라 적극적으로 그 땅을 품는다. 포로이기 때문에 중립적이거나 거부할 수 있지만 힘을 다해 제국에 충성하고 적응하기로 한 것이다. 바벨론도 다른 정복 국가처럼 피지배국에게 관용책을 썼다. 안정적인 통치를 위해서 포로들의 인종ethnicity과 국적nationality과 무관한 능력 채용을 중시했다. 그렇다고 채용의 기준이 없는 것은 아니다. 바벨론의 채용 공고는 다음과 같다.[1]

바벨론 제국의 충성스러운 인재 채용 공고

1. 이스라엘 자손 중 포로로 잡혀 온 사람 중에서 왕족이나 귀족 출신
2. 흠이 없고 용모가 아름다운 사람
3. 모든 지혜를 통찰하며 지식에 통달하며 학문에 익숙한 사람
4. 훈련생으로 바벨론의 학문과 언어를 배우고 왕의 음식과 포도주를 먹어야 함.
5. 최종 합격은 3년 후에 왕 앞에서 대면 면접 후 결정

바벨론 왕궁 인사부

느부갓네살의 왕명을 받은 환관장 아스부나스는 위의 조건으로 인재를 선발한다. 지원자들의 신분과 외모와 지적 능력을 철저히 검증한다. 신분은 높아야 하고 외모는 빼어나야 한다. 외적이고 육체적인 면을 주목한 것이다. 또한 지혜와 지식과 학문과 같은 지적인 면도 유심히 살핀다. '모든 지혜를 통찰'^{마스킬림}한다는 말은 옳은 길로 인도하는 자들에게 해당되는 용어다.[2] 제국의 훈련에는 바벨론 학문과 언어 습득과 특별히 왕의 음식과 포도주를 제공받는 것이 포함된다. 그렇게 선발된 자들은 3년 수련을 거쳐 왕에게 최종 면접으로 채용된다. 유대 청년 몇 명은 제국의 채용에 적극적이었고, 그들 중에 다니엘과 세 친구가 합격한다. 이미 적국의 왕에게 충성을 다짐했다는 의미다. 그들에게 주어진 첫 번째 도전은 이름을 바꾸는 일이다. 우리도 일제 식민지배 하에서 창씨개명^{創氏改名}에 목숨을 걸고 저항했기 때문에 유대인들도 동일했을 것이다. 그러나 저들은 저항하지 않는다.[3] 형식적인 것에는 수용을 선택한 것이다. 다니엘서 저자는 다니엘의 바벨론식 이름 '벨드사살'을 8번 사용하고[4] 그 외 70번 이상 '다니엘'을 사용하였다. 바벨론의 지배 아래 어쩔 수 없는 개명^{改名}이었지만, 일상에서는 간접적인 저항을 하고 있었던 것이다.

---

1   단 1:3-5.

2   단 11:33, 35; 12:3, 10.

3   다니엘은 벨드사살로, 하나냐는 사드락으로, 미사엘은 메삭으로, 아사랴는 아벳느고라고 불렸다. 원래 히브리 이름의 특징에는 모두 여호와의 이름이 포함되었지만, 변경된 이름에는 이방 신을 담은 것으로 보인다. 다니엘은 "하나님이 판단하셨다.", 하나냐는 "여호와께서 은혜로우시다. 미사엘은 "누가 하나님이신가?, 이사라는 "여호와께서 도우신다." 라는 뜻이다. 이에 비하여 바뀐 이름으로 벨드사살 은 "그가 그의 생명을 지키시기를, 사드락은 "아코의 명령", 메삭은 "누가, 무엇이 아코인가?", 아벳 느고는 원래 아벳느보라는 말로 "느보를 섬기는 자" 라는 뜻이다.

4   단 1:7; 2:26; 4:8, 9, 18, 19; 5:12; 10:1.

뜻을 정하여 : 포로살이에 저항하다 (8-9절)

마침내 다니엘과 세 친구들은 바벨론 제국의 규제에 저항해야 할 순간이 왔다. 훈련생들에게 주어진 특혜였던 왕의 음식과 포도주이다. 바벨론 신전에 먼저 바쳐진 그 음식을 먹음으로써 신의 복을 받게 된

> 하나님 백성의 정체성을 위해 음식을 거부할 것인가? 아니면 대제국에서 출세를 위해 3년만 묵인할 것인가?

다고 믿었다. 그것은 자랑스러운 것이지만, 다니엘과 세 친구들에게는 큰 근심거리였다. 그들이 바벨론에게 충성을 다짐했다고 하지만, 영혼을 더럽힐 수는 없었다.[5] 하나님 백성의 정체성을 위해 음식을 거부할 것인가? 아니면 대제국에서 출세를 위해 3년만 묵인할 것인가? 그들은 훈련생의 지위를 박탈당하고, 모든 특권을 빼앗길 수 있지만 하나를 선택해야 했다. 다니엘과 세 친구는 왕의 명령과 종교적인 선택에서 신앙의 정결을 지키기로 한다. 출세보다는 신앙을 선택한 것이다. '뜻을 정하여'단 1:8 라는 말은 그런 깊은 고민에서 나온 고백이다. 상황에 흔들리지 않고 일관된 신앙인의 정체성을 지켜내는 결단이다.

---

5 본문에서 더럽힌다(가알)고 표현한 이유는(사 59:3; 63:3; 스 2:62; 느 7:64; 애 4:14; 말 1:7,12) 이방 나라에서 술과 고기는 일반적으로 우상에게 제물로 바쳐진 후에 음식물로 제시되기 때문이다(신 32:38; 34:15; 행 15:29). John E. Goldingay, *Daniel* (WBC 30; Dallas, Tex.: Word Books, 1986), 18-19.

황폐한 성소에 주의 얼굴빛을 비추소서!

뜻을 정한 결과 (10-21절)

그들의 선택이 어떤 파장을 일으킬지 예측할 수 없었다. 그래서 다니엘은 환관장에게 도움을 요청한다. 자신들이 왕의 음식과 포도주를 먹지 않도록 도와달라! 하나님의 인도를 확신했기에 담대히 요청할 수 있었다. 환관장은 단호하게 거절하지는 않는다. 건강만 하다면 과정을 묻지 않겠다는 것이다. 그는 원칙은 고수하되 융통성이 있는 사람이었고, 결과 중심의 실용적인 사람인 것 같다.

> 다니엘아! 내가 네 사정을 알지만 나의 사정도 생각해 보아라. 내 주인이신 왕께서 어떻게 하실지 두렵네. 왕께서 친히 식단을 정해 주셨는데, 만일 그대들의 건강이 다른 젊은이들만 못하다고 보시면, 분명 내 목을 베실 것이다. 메시지 성경, 단 1:10

환관장은 다니엘과 세 친구의 일을 하급자인 감독자에게 맡긴다. 그는 훈련생들을 관리하고 왕의 면접까지 책임을 맡은 자다. 이제 다니엘은 다른 소년들보다 더 건강한 것을 보여주면 된다. 다니엘은 타협없는 신앙의 정절을 지키면서도 바벨론의 요구를 충족시킬 수 있다는 자신감을 가졌다. 다니엘은 환관장에게 했던 동일한 요구를 감독자에게 부탁하고 10일의 기회를 얻는다.

청 원 서

1. 우리들은 삼 년 동안 왕의 음식과 포도주를 먹지 않고도 강인한 육체를 만들 수 있습니다.
2. 이 일이 가능한지 먼저 우리들을 시험해 주십시오.
3. 시험하는 방법은 10일 동안 채소와 물만 먹고 육체가 강인해졌는지 확인하는 것입니다.
4. 채소와 물만으로도 육체를 강인하게 한 것이 확인되면 왕의 음식과 포도주를 면제해주십시오.

다니엘과 세 친구들

다니엘과 세 친구들이 채식주의를 주장한 것은 아니다. 여기에서 한 가지 궁금증이 생긴다. 다니엘은 어느 지점에서 채소와 물만으로 최상의 결과를 확신한 것인가? 새로운 식이요법을 발견한 것일까? 아니면 어떤 기적을 기대했을까? 해답은 우선순위를 무엇으로 보느냐에 있다. 왕궁의 요구를 거절하는 신앙의 마지노선으로 하나님의 기적을 기대한 것이다. 하나님의 주권 안에서 기적을 기대하면서도 최선의 행동을 했던 것이다. 그것이 바로 믿음의 사람들이 걸어간 길이다.

> 왕궁의 요구를 거절하는 신앙의 마지노선으로 하나님의 기적을 기대한 것이다. 하나님의 주권 안에서 기적을 기대하면서 최선의 행동을 했던 것이다. 그것이 바로 믿음의 사람들이 걸어간 길이다.

이제 약속한 시간이 되었다. 그들이 선택한 결과는 어떻게 되었을까? 긍정적이었다. 다니엘과 세 친구의 얼굴이 다른 소년들보다 더 아름답고 윤택해졌다단 1:15. 탁월한 건강미를 보인 것이다. 그렇게 해서 3년의 훈련을 마쳤다. 환관장은 최종 면접을 위해 훈련생들을 왕 앞으로 인도한다. 느부갓네살 왕은 구술 심사에서 다니엘과 세 친구들에게서 뛰어난 지혜를 발견한다. 왕은 그들을 무리 앞에 세우고 공개 질문으로 탁월함이 입증되도록 했다. "그 지혜와 총명이 온 나라 박수와 술객보다 십배나 나은 줄" 단 1:20 알게 된 것이다.

신앙의 거장이 된 다니엘의 영성 : 기적을 이루는 순종

하나님은 다니엘과 세 친구들이 훈련 과정을 마치기 전에 특별한 은혜를 베푸셨다. 바벨론 학문에 대한 깊은 통찰력과 지혜이다. 여기서 '학문'은 갈대아 교사에게 배우는 바벨론의 지혜에 관한 것이며, '모든 서적을 깨닫는다'는 것은 책을 읽고 깨우치는 능력이다. '지혜'란 삶을 살아가는 데 필요한 것이다. 다니엘과 세 친구는 바벨론 다른 소년들보다 탁월함을 보여주었다. 그리고 다니엘은 세 친구들과 다르게 모든 환상과 꿈을 깨닫는 능력을 받는다. 꿈과 환상은 하나님의 계시를 받는 도구로 하나님이 주시는 것이다. 다니엘은 꿈과 환상을 통해 하나님으로부터 바벨론 멸망과 포로의 종언, 그리고 하나님 나라의 도래에 관한 계시를 받아 유다 백성들이 포로를 견디고 하나님 나라를 소망하도록 도울 것이다.

다니엘을 통하여 배워야 할 영적인 교훈은 하나님을 주인으로 모시는 순종이 기적을 만든다는 것이다. 소년 다니엘이 어떻게 신앙의 거장ᴱ ᴱ이 되었을까? 비록 연약하지만 신앙의 마지노선을 지키려고 "뜻을 정했기" 때문에 예측할 수 없는 기적으로, 신앙의 거장으로의 첫발을 디디게 되었다. 이러한 다니엘의 결단과 하나님의 도우심은 포로기의 유다 백성들에게 희망의 열쇠가 되었다. 다니엘은 뜻을 정하기 위해 세 친구과 자신들이 직면한 위기는 무엇이고, 어떻게 미래를 대비할 지를 토론하며 기도했다. 그들은 경쟁자가 아니라 시대의 과제를 함께 해결할 동역자요 운명공동체로 살았다. 우리도 위기의 시대에 뜻을 정하고 하나님이 원하는 신앙의 마지노선을 지켜야 한다. 믿음으로 전진하는 신앙인들에 의해 새로운 역사가 이루어진다.

포로 시대와 팬데믹 시대 : 신앙의 본질에서 다시 시작하라

———

포로 시대와 팬데믹 시대는 낡은 전통을 버리고 새로운 시대를 준비하는 시기라는 점에서 유사하다. 지금은 다니엘처럼 뜻을 정하고 새 시대에 유효한 신앙의 본질을 담아낼 새 형식을 찾을 시기다. 생명력을 잃은 낡은 전통에서 벗어나 생명력 있는 공동체성으로 다시 살아나야 한다. 누가 참 주인인가를 다시 묻고, 뜻을 세우고 구별된 삶으로 새로운 삶의 형식을 건설해야 한다.

　　신앙이란 안정과 안전을 보장해 놓고 가는 길이 아니다. 타협할 수 없는 기준을 세우고 믿음으로 장애물을 돌파하는 것이다. 이 선택은 개인적인 결단이 아니라, 공동체가 함께 하는 것이다. 시대의 위기를 넘기 위해서는 공동체가 함께 고민하면서 대화하고 협력해야 한다. 길은 찾는 자들에게 찾아지고 전진하는 자들에게 열릴 것이다. 다니엘과 세 친구들처럼 위기 시대에 하나님을 주인으로 선택하는 것이 우리가 하나님께 드려야 할 선물이다. 그때 하나님은 기적을 선물로 주실 것이다. 하나님은 믿음으로 길을 나선 개인과 공동체를 위해 기적을 베푸시는 분이다.

1장 이해를 위한 질문들

1 유다 백성들의 바벨론 포로 시대와 우리가 경험하는 팬데믹 시대의 유사점은 무엇인가?

2 다니엘과 세 친구는 어떤 생각으로 자기 민족의 원수인 바벨론을 위해 일하기로 결심했겠는가?

3 다니엘에게 "뜻을 정하여"가 갖는 의미는 무엇인가?

4 다니엘이 혼자 포로 생활을 보내는 것과 세 친구와 함께 보내는 것 중 어떤 것이 더 유익한가?

5 다니엘서 1장에서 "순종이 기적을 만든다"는 말이 어떻게 적용되었는가?

황폐한 성소에 주의 얼굴빛을 비추소서!

영원한 나라

김 계 환

제국은 불처럼 타오르고
채찍의 힘은 무게를 더 하더이다
날마다 달려나가는 병거의 출병은 돌담을 허물고
낡은 기억만 비늘이 되어 흩어지나이다

서러운 날 서 있던 강변에서
먼 나라를 꿈꾸니
더디 오시는 소식이라
뼈가 마르기를 기다림이라

쥐어보지 못하고 진흙에 얼굴을 묻나이다
보지 못하고 말 발굽에 채이나이다
듣지 못하고 창에 찔리나이다
영원한 나라는 저 하얀 산에 걸리어 있나이다

1. 신앙의 본질에서 다시 시작하라! (다니엘서 1장)

강은 소용돌이치며 삼각주를 적시고
밀려온 얼음들은 바위를 쳐내는데
본향을 향하던 길들은 어둠에 가려지니
다시 눈을 떠 그 나라를 볼 수 있을까

무거운 사슬은 살을 파고들고
잘려나간 살들은 개의 먹이가 되었더이다
제국은 영원한데
이른다 하신 나라는 보이지 않나이다

종려나무를 꺾어 흔드니
보리라 하신 환상이 이르게 하소서
영원한 터를 세우신다 하였으니
깎아 낼 산으로 이르게 하소서

황폐한 성소에 주의 얼굴빛을 비추소서!

"손대지 아니한 돌이 나와서 신상의 쇠와 진흙의 발을 쳐서 부서뜨리매" (단 2:44)　☞ 이미지 출처 : https://namu.wiki

2

제국의 종말은 온다

(다니엘서 2장)

바벨론 제국과 바벨론의 왕

─

유다 백성들의 포로살이는 시작되었고 바벨론은 더 강해졌다. 그러나 이 암울한 현실 속에서도 희망이 시작되었다. 어떤 희망인가? 유다 백성들이 해방되어 고국으로 돌아가는 것이다. 그러나 그 희망이 실현되기에는 바벨론 왕은 너무 강했고, 그의 제국은 너무도 견고했다. 이 절망적인 현실에서 그들의 희망이 이루어질 수 있을까? 포로가 시작되면서 유다 백성들은 하나님이 자신들을 통치하기 위하여 바벨론 제국과 느부갓네살 왕을 세우셨다는 생각을 받아들인다. 그렇다면 어떻게 유다 백성의 해방이 실현될 것인가? 하나님은 느부갓네살 왕의 꿈을 통하여 장래 계획을 보여주신다. 이 꿈은 느부갓네살 왕에게 주는 교훈도 있지만, 사실상 유다 백성들에게 주어진 것이다. 이 꿈에서 하나님은 바벨론 제국과 바벨론 왕에 대한 계시를 전해 주신다. 느부갓네살 왕은 예루살렘 성과 성전을 파괴하고 성전 기물과 유다인들을 바벨론으로 옮긴 폭군이다. 그렇지만 하나님이 다윗 왕을 세우신 것처럼 느부갓네살 왕을 그들의 통치자로 삼으셨다. 또한 바벨론 제국의 존재도 인정한다. 그 꿈이 유다 백성들에게 주는 희망은 최강 제국인 바벨론의 멸망이 이루어진다는 것이다. 그러나 느브갓네살 왕의 멸망은 아직

바벨론 제국은 반드시 멸망될 것이지만, 느브갓네살 왕은 하나님이 허락하시는 통치자로 받아들여야 하는 모순되어 보이는 계시가 유다 백성들에게 전해진다.

2. 제국의 종말은 온다 (다니엘서 2장)

언급되지 않는다. 느부갓네살 왕 이후에 바벨론 제국은 반드시 멸망하며 하나님 나라가 도래하고 유다 백성들이 주인공이 되는 날이 올 것을 약속하셨다. 바벨론 제국은 반드시 멸망될 것이지만, 느브갓네살 왕은 하나님이 허락하시는 통치자로 받아들여야 한다는 모순되어 보이는 계시가 유다 백성들에게 전해진다. 이제 왕의 꿈 이야기로 들어가 보자.

왕이 꿈과 해석을 요청하다 (1-12절)

느부갓네살이 즉위 2년에 꿈을 꾼다.[1] 꿈의 주인공은 느부갓네살 왕이지만, 꿈의 목적은 하나님께서 왕과 제국의 운명을 유다 백성들에게 알리는 것이다. 왕은 꾸었던 꿈을 잊어버린다. 스스로 기억해 낼 수 없는 꿈이 되었다. 왕은 자신의 꿈에 특별함이 있는 것 같아서 더 불안해한다. 그래서 꿈 전문가들인 "박수와 술객과 점쟁이와 갈대아 술사"를 부른다. 그들에게 꿈의 내용을 알려줄 것과 꿈의 의미를 해석해 내라고 명령한다.[2] 일반적으로 당사자가 꿈의 내용을 말해주면 해석자는 꿈의 의미를 알려주는데, 왕은 꿈을 먼저 알려달라는 신하들

---

[1] 꿈을 꾼 때는 왕위에 즉위한 지 2년이다. 그런데 바벨론 연호는 즉위 시 연도를 계산하지 않는다. 느부갓네살이 즉위한 해에 예루살렘을 정복하였기 때문에, 왕위에 즉위한 지 2년은 곧 다니엘과 그의 친구가 훈련을 마치고 삼 년 만에 왕의 앞에 선 해와 같다고 볼 수 있다.

황폐한 성소에 주의 얼굴빛을 비추소서!

을 책망한다. 만약 꿈의 내용을 알아맞힌다면 해석도 인정하겠다고 한다단 2:9. 신의 힘을 빌리는 점성가들이 꿈을 알아내지 못한다면 그들의 꿈 해석은 당연히 거짓이라고 판단한 것이다.

> 10 점성가들이 말했다. "왕께서 요구하시는 대로 할 수 있는 사람은 이 세상 어디에도 없습니다. 일찍이 어떤 위대한 왕이나 군주도 마술사나 주술사나 점성가에게 이런 요구를 한 적이 없습니다. 11 왕께서 물으신 것은 우리와 같은 인간들과 함께 살지 않는 신이나 여신이 알려주지 않는 한, 답을 알기는 불가능합니다." 메시지 성경, 단 2:10-11

왕 앞에 서 있는 전문가들은 너무 당황스럽다. 잊어버린 꿈을 알아내는 것은 신들이나 가능하기에 어떤 왕들도 이런 요구를 한 적이 없었다. 그런데도 느부갓네살 왕은 점성가들을 위협해서 꿈을 알아내려고 한다. 점성가들은 왕을 만족시킬 수 없었다. 결국 '폭발하고 평정을 잃은' 왕은 바벨론의 모든 점성가를 죽이라고 명령한다단 2:12.

---

2   바로도 즉위 2년에 꿈을 꾸고 해석을 알지 못해서 애굽의 술사들과 현인들을 불러 꿈을 말했지만 대답하지 못했다(창 41:8). 느부갓네살 왕은 바로보다 더 많은 꿈 전문가들을 데리고 있었다. 박수라는 말은 애굽에서 신앗수르 궁중으로 온 점성가다(창 41:24). 술객은 환자에게 나타난 악한 세력과 대적하는 마술적인 능력을 가진 자를 말하며, 점쟁이는 부적이나 주문을 사용하는 자다. 갈대아 술사란 왕이 소집한 꿈 해석 전문가 집단을 말한다. 이들은 왕이 꿈을 말하면 해석할 준비를 하였다.

2. 제국의 종말은 온다 (다니엘서 2장)

다니엘의 등장 (13-16절)

하나님은 이때를 위하여 다니엘을 준비시키셨다. 다니엘이 역사 전면에 등장하는 시점이다. 다니엘은 급박하게 움직이는 궁정의 분위기에 어리둥절했다. 바벨론 지혜자들의 대표 그룹에 속하지 않았기 때문에 궁정 속사정을 알 수 없었다. 마침 왕의 처형 명령을 수행하려던 근위대장 아리옥을 만난다. 다니엘은 "무슨 일이 있느냐"고 묻는다. 아리옥은 평소에 호감을 가진 다니엘에게 사건의 경위를 자세히 말해준다. 다니엘이 평소 주변인들과 어떤 관계를 맺고 있었는지를 보여주는 대목이다.

> 다니엘은 일의 경과를 듣고 난 후 자신이 해야 할 일을 깨닫는다. 물론 왕의 처형 명령에는 자신과 세 친구도 포함되기에 적극적으로 관여해야 했다.

다니엘은 일의 경과를 듣고 난 후에 자신이 해야 할 일을 깨닫는다. 물론 왕의 처형 명령에는 자신과 세 친구도 포함되기에 적극적으로 관여해야 했다. 즉시 왕을 알현한 다니엘은 "시간을 주시면 자신이 꿈 해석을 알려드리겠다"고 약속한다 단 2:16. 본문에는 왕과의 면담이 수월하게 주선되었고, 또 다니엘과 왕이 친한 관계처럼 보이지만 정황은 그렇지 않아 보인다. 아리옥이 왕께 다니엘을 "유다 포로 중의 한 사람"단 2:25으로 소개한 것을 보면 알 수 있다. 그렇다면 어떻게 신속하게 면담이 진행되었을까? 다니엘이 처형處刑 유보를 왕에게 건의할 때 아리옥이나 제 3자를 통해 다니엘의 의사가 미리 전달되었을

황폐한 성소에 주의 얼굴빛을 비추소서!

것이다. 왕의 목표는 지혜자들의 처형이 아니라 꿈 해석이었기 때문에 다니엘의 의견을 수락했을 것이다. 다니엘에 의해서 죽음의 칼날이 유보되었다.

해석을 위한 다니엘의 기도와 응답 (17-23절)

꿈에 대한 왕의 무리한 요청은 결국 다니엘을 역사 중심에 서게 했다. 다니엘은 세 친구에게 중보기도를 부탁하고 자신도 하나님께 기도한다.

> 하늘의 하나님이 자비를 베푸셔서 이 비밀을 풀 수 있게 하시고, 그들 네 사람이 바벨론 지혜자들과 함께 죽지 않게 해주시도록 기도를 부탁하였다. 메시지 성경, 단 2:18

여기서 "비밀"이란 하늘에서 오는 계시로써 왕이 잊은 꿈의 내용과 해석이다. 다니엘과 세 친구는 하나님께 이 비밀을 알게 해달라고 기도한다. 그들의 중보기도는 위기에 처한 자들을 향한 긍휼에서 시작한다. 마침내 다니엘은 하나님께 응답을 받는다. 이처럼 위기 때 긍휼한 마음으로 드리는 기도는 하늘을 움직여 기적을 체험하게 한다. 다니엘은 하나님을 "오직 비밀을 밝히시는 이"단 2:28라고 고백한다. 그 비밀은 기도 중 환상으로 다니엘에게 보였다. 다니엘은 비밀을 왕에게 말하기 전에 개인 감사시를 드리고,[3] 비밀을 드러내실 하나님을 찬양한다[단 2:19-23]. 찬양의 핵심은 "하나님이 왕을 폐하기도 하고 세우기도 하신다"는 것이다[단 2:21]. 이것은 다니엘서 전체를 이끄는 주제이다.

다니엘이 왕 앞에 나서다 (24-30절)

"은밀한 비밀"을 하나님에게 받은 다니엘은 근위대장 아리옥을 찾아간다. 처형을 즉시 멈추고 자신을 왕에게 인도하면 꿈을 해석해 드리겠다고 한다. 왕은 다니엘에게 꿈 내용과 해석을 알 수 있느냐고 묻는다. 왕은 반가운 듯하면서 미심쩍어하는 모습이다. 다니엘은 왕의 꿈과 해석은 오직 하늘에 계신 하나님만이 알게 하실 수 있다고 명백히

---

3   John E., Goldingay, *Daniel* (WBC 30; Dallas, Tex.: Word Books, 1986), 38-39. 이 감사시는 크게 두 개의 부분이 평행이다. 먼저 3인칭으로 하나님의 이름을 찬양하고(20절), 다른 한편 1인칭으로 고백과 하나님 찬양이 이어진다(23절). 찬양하는 이유는 지혜와 능력이 그에게 있기 때문이며(20절), 지혜와 능력을 다니엘에게 주셨기 때문이다(23절). 하나님의 능력은 중요한 두 개의 제도인 왕과 지혜자에게 전달된다(21절). 첫 번째 신적인 능력은 때와 계절을 바꾸는 것인데, 이는 역사를 한 시대에서 다른 시대로 옮기는 능력이다. 이를 위하여 하나님은 왕을 세우기도 하고 폐하기도 하시는 분이다. 또한 왕에게 필적되는 자들은 지혜자들이다. 지혜자, 그리고 총명한 자들에게 각각 지혜와 지식을 주시고, 다시 은밀한 것을 허락하신 하나님을 찬양한다(22절). 드러난 계시에 대하여 "깊고 은밀한 것, 어두운데 있는 것, 그리고 빛"이라고 표현하며, 자신이 은밀한 것을 알게 된 과정을 설명한다(23절). 주께서 다니엘에게 지혜와 능력을 주시고, 또 주께 구한 "은밀한 것"을 알게 하셨다. 마지막으로 다시금 이 일로 인하여 하나님께 감사하고 찬양한다. 이 모든 감사와 찬양의 원인은 바로 주께서 다니엘에게 왕의 그 일, 즉 왕이 꾼 꿈과 해석을 보이셨기 때문이다. Carol A. Newsom, *Daniel* (Louisville, KY: Westminster John Knox Press, 2014), 72-73.

황폐한 성소에 주의 얼굴빛을 비추소서!

말한다.[4] 먼저 하나님이 꿈을 꾸게 하신 이유를 설명한다. 왕이 "후일
에 될 일", 즉 왕과 제국의 미래를 본 것이라고 알려준다. 그날도 왕은
두 가지 마음을 갖고 잠을 청했었다. 하나는 제국을 이룬 자신의 업적
이 역사상 최고라는 자부심이었다 [단 2:30]. 또 하나는 "이 나라가 영원할
수 있을까?"라는 미래에 대한 불안이었다.

꿈의 내용과 다니엘의 해석 (31-45절)

머리	금
가슴과 두 팔	은
배와 넓적다리	놋
종아리	쇠
발	쇠 + 진흙

다니엘은 왕의 꿈을 하나님에게서 계시로 받고 해석한다. 꿈과 해석
으로 구성된 31-45절의 내용이다. 먼저 31-35절에는 두 가지 환상이
나온다. 첫 번째는 네 개의 금속으로 이루어진 신상 a great statue 이고, 두

---

4   이는 요셉이 관원들과 바로에게 꿈을 해석하기 전에 했던 말을 생각나게 한다: "해석은 하나님께
    있지 아니하니이까?"(창 40:8); "요셉이 바로에게 대답하여 이르되 내가 아니라 하나님께서 바로
    에게 편안한 대답을 하시리이다"(창 41:16).

번째는 손대지 않은 돌에 그 신상이 부서지는 것이다.[5]

> [31] 왕이여 왕이 한 큰 신상을 보셨나이다 그 신상이 왕의 앞에 섰는데 크고 광채가 매우 찬란하며 그 모양이 심히 두려우니 [32] 그 우상의 머리는 순금이요 가슴과 두 팔은 은이요 배와 넓적다리는 놋이요 [33] 그 종아리는 쇠요 그 발은 얼마는 쇠요 얼마는 진흙이었나이다 [34] 또 왕이 보신즉 손대지 아니한 돌이 나와서 신상의 쇠와 진흙의 발을 쳐서 부서뜨리매 [35] 그 때에 쇠와 진흙과 놋과 은과 금이 다 부서져 여름 타작 마당의 겨 같이 되어 바람에 불려 간 곳이 없었고 우상을 친 돌은 태산을 이루어 온 세계에 가득하였나이다. 단 2:31-35

첫 번째 환상은 "왕이 한 큰 신상을 보셨나이다"로 시작되는 여러 개의 금속과 진흙으로 만들어진 큰 신상이다.[6] 그 신상은 너무 거대했다. 장엄하면서도 사람을 두렵게 하는 모습이었다. 신상을 구성하는 금속들의 순서는 가치가 높은 것에서 낮은 것으로 배열되어 있었다. 쇠와 진흙으로 된 발은 금-은-놋-쇠의 신상을 지탱하는 도구다. 첫 번째 환상은 네 왕, 또는 네 나라를 상징한다. 두 번째 환상은 "왕이 보신즉"으로 시작하는 신상 파괴 이야기다. "손대지 아니한 돌"이

---

5   이 본문을 이해할 때 기억해야 할 것은 이 꿈이 단순히 바벨론 백성들만을 위한 것이 아니라 신앙 공동체가 종말을 향해 가면서 왕과 제국이 어떤 역할을 하는지를 보여주는 꿈이다. 공동체는 자신들의 상황 가운데 이 꿈이 가진 계시가 무엇인지를 깨달아야 한다. 해석은 공동체의 것이다. 네 개의 금속이 네 왕을 의미하는지 내 나라를 의미하는지 환상은 말하지 않는다. 이 환상은 종말을 위한 계시가 되어, 바벨론 시대를 거쳐 그리스 시대와 로마 시대 그리고 기독교 시대에 이르기까지 종말을 해석하는 기준이 되었다. 바벨론의 통치 아래 살고 있는 유다 백성은 이 환상을 그들에 맞게 해석하였다.

6   이러한 신상은 정복지에서의 승리를 기념하고 왕이나 왕이 섬기는 신들을 기리기 위하여 만들었다.

쇠와 진흙으로 된 발을 쳐서 신상을 무너뜨렸다. 가장 약한 발이 먼저 부서진 것이다. 쇠와 진흙과 놋과 은과 금도 흔적 없이 사라지고, 신상을 친 돌들만이 쌓이고 쌓여 온 세계에 가득하게 된다.[7] "손대지 아니한"단 8:25이라는 표현은 하나님의 손을 뜻한다.

느부갓네살 왕의 꿈은 제국의 종말에 관한 하나님의 보편적인 계시이다. 그러나 이 꿈을 듣는 공동체는 자신들의 상황에 따라 다른 해석을 할 수 있다. 본문은 꿈과 해석으로 이루어졌지만, 사실상 서로 다른 시대의 두 가지 해석이 혼합되어 있다. 이는 왕의 꿈과 해석이 서로 일치하지 않은 것으로 알 수 있다.[8] 하나는 바벨론 시대의 해석으로 바벨론 멸망에 관한 것이며, 또 하나는 그리스 시대의 해석으로 바벨론-메대-페르시아-그리스 중에서 마지막 나라인 그리스의 멸망에 관한 것이다.

바벨론 시대 첫 번째 환상의 해석은 다음과 같다.

---

7 개정판에서 우상이라고 번역한 아람어 단어인 "첼렘"은 신상과 같은 단어의 번역이다.

8 데이비스(P. R. Davies) 는 꿈과 해석의 불일치를 다음과 같이 설명한다. (1) 해석에 나타나는 발가락(2:41-43)과 영원한 왕국에 대한 설명(2:44)이 꿈에는 나타나지 않는다. (2) 꿈에서 돌이 태산이 되지만 (단 2:35), 해석에서 돌은 산에서 나타난다(2:45). (3) 꿈에서, 네 금속은 점차적인 열등의 순서로 배열되어 있는데, 해석에서는 이들이 연속적인 세계 왕국을 나타낸다. (4) 꿈에서, 네 금속으로 이루어진 상은 동시에 멸망되는 반면에, 해석에서 왕국들은 연속적으로 파괴되었다. P. R. Davies, "Daniel Chapter Two," *JTS* 27 (1976), 397. 데이비스는 이 꿈의 원래 정황을 찾으려고 시도한바, 네 왕은 느부갓네살과 그의 열등한 세 왕인 아멜-마르둑, 네리글리살 그리고 나보니두스라고 주장한다. 나아가서, 마지막 왕인 나보니두스는 벨사살에게 왕국을 맡기고, 데이마로 돌아간 왕이므로 이 시기에 왕국은 철과 흙이라는 두 요소로 이루어졌다고 볼 수 있다.

36 그 꿈이 이러한즉 내가 이제 그 해석을 왕 앞에 아뢰리이다 37 왕이여 왕은 여러 왕 들 중의 왕이시라 하늘의 하나님이 나라와 권세와 능력과 영광을 왕에게 주셨고 38 사람들과 들짐승과 공중의 새들, 어느 곳에 있는 것을 막론하고 그것들을 왕의 손에 넘기사 다 다스리게 하셨으니 왕은 곧 그 금 머리니이다. 단 2:36-38

'금'은 하나님의 위임을 받아 정해진 기간에 하나님의 대행인으로 세상을 통치할 왕을 말한다. "왕께서 곧 그 금 머리니이다"라는 말은 하나님께서 느부갓네살 왕을 보편적인 통치의 대행인인 원-인간 primitive man 또는 원-왕 primordial king 으로 인정하는 표현이다 창 1:28; 2:19-20; 시 8:7-9; 렘 27:6; 28:14 .[9] 이 표현은 다니엘 1-6장에서 지배적인 견해로서, 유다 백성들이 다윗 왕 대신에 바벨론 왕에게 부여된 하나님의 권위를 받아들이는 해석이다.[10] 모든 왕의 주재이신 하나님은 단 2:47 느부갓네살 왕을 세상의 여러 왕들 중의 왕으로 세우셨다 단 2:37 . 그리고 만물을 통치하도록 나라와 권세와 능력과 영광을 주셨다고 알려준다. 왕의 통치 대상은 땅에 있는 모든 사람들, 들짐승들, 공중의 새들이다 단 2:38 .

바벨론 시대 두 번째 환상의 해석에서 네 금속으로 된 신상이 부서지는 것은 바벨론 제국의 멸망과 하나님 나라의 도래를 상징한다.

9　A. Lacocque, *The Book of Daniel* (Atlanta, Georgia; John Knox Press, 1979), 50.

10　이 견해는 왕과 나라들의 심판과 임박한 종말을 기다렸던 다니엘서 7-12장과는 대조를 이룬다. P. R. Davies, "The Eschatology in the Book of Daniel," in *Sects and Scrolls: Essays on Qumran and Related Topics* (Atlanta, Georgia: Scholars, 1996), 32-41.

⁴⁴ 이 여러 왕들의 시대에 하늘의 하나님이 한 나라를 세우시리니 이것은 영원히 망하지도 아니할 것이요 그 국권이 다른 백성에게로 돌아가지도 아니할 것이요 도리어 이 모든 나라를 쳐서 멸망시키고 영원히 설 것이라 ⁴⁵ 손대지 아니한 돌이 산에서 나와서 쇠와 놋과 진흙과 은과 금을 부서뜨린 것을 왕께서 보신 것은 크신 하나님이 장래 일을 왕께 알게 하신 것이라 이 꿈은 참되고 이 해석은 확실하니이다 하니. 단 2:44-45

유다 백성들은 바벨론 멸망 이후 도래할 하나님 나라는 인간이 아닌 하나님에 의해 세워질 것이며, 그 나라는 역사를 초월한 나라가 아니라 자신들이 주연이 될 현세의 나라가 될 것이라고 믿었다.

결론적으로, 왕의 꿈이 유다 백성들에게 주는 계시는 느부갓네살 왕은 심판의 대상이 아니다. 오히려 하나님의 위임을 받아 유다 백성에 대한 통치권을 위임받았다는 것이다. 또한 바벨론 제국은 네 왕을 지낸 후 멸망될 것이다.

그리스 시대의 해석은 바벨론 시대 해석의 두 환상 사이에 나타난다.

³⁹ 왕을 뒤이어 왕보다 못한 다른 나라가 일어날 것이요 셋째로 또 놋 같은 나라가 일어서 온 세계를 다스릴 것이며 ⁴⁰ 넷째 나라는 강하기가 쇠 같으리니 쇠는 모든 물건을 부서뜨리고 이기는 것이라 쇠가 모든 것을 부수는 것 같이 그 나라가 뭇 나라를 부서뜨리고 찧을 것이며. 단 2:39-40

⁴¹ 왕께서 그 발과 발가락이 얼마는 토기장이의 진흙이요 얼마는 쇠인 것을 보셨은즉 그 나라가 나누일 것이며 왕께서 쇠와 진흙이 섞인 것을 보셨은즉 그 나라가 쇠 같은 든든함이 있을 것이나 ⁴² 그 발가락이 얼마는 쇠요 얼마는 진흙인즉 그 나라가 얼마는 든든하고 얼마는 부서질 만할 것이며 ⁴³ 왕께서 쇠와 진흙이 섞인 것을 보셨은즉 그들이 다른 민족과 서로 섞일 것이나 그들이 피차에 합하지 아니함이 쇠와 진흙이 합하지 않음과 같으리이다. 단 2:41-45

첫째 본문^{단 2:39-40}은 세 나라를 '금'보다 못한 '놋' 같은 나라와 '쇠' 같은 나라로 표현한다. 둘째 본문^{단 2:41-43}은 넷째 나라에 대한 부연 설명이다.¹¹ 첫 번째 금속을 '왕'으로 해석하고 둘째부터 넷째 금속을 '나라'로 해석한다. 이것은 '네 금속'이 초기에는 네 왕들로 이루어진 바벨론 나라를 의미했지만, 그리스 시대에는 네 나라들로 해석이 되었다는 의미다.

---

11 꿈에 보이지 않은 발가락이 추가되었다. 발가락이 첨부되기 전 41a절의 강조점은 '쇠'와 '진흙'으로 된 것으로 해서 두 번 해석이 된다. 첫째 해석에서 나라가 분열된다. 분열된 나라들 중에 얼마는 든든하고 얼마는 부서진다. 또한 '쇠'와 '진흙'이 섞이는 것을 "그들이 다른 민족과 서로 섞일 것이나 피차 합하지 않는다"고 해석한다.

느부갓네살 왕의 반응 (46-49절)

다니엘의 꿈 해석을 다 듣고서 왕은 이렇게 말한다:

> 그대의 하나님은 참으로 모든 신을 뛰어넘는 신이시오, 모든 왕위에 군
> 림하시는 군주이시다. 그대가 이 비밀을 밝힌 것을 보니, 그분은 그 어떤
> 비밀도 밝혀내시는 분임이 틀림없다. 단 2:47

    왕은 다니엘을 인정한다. 자신이 그토록 궁금했던 비밀을 밝혀
냈기 때문이다. 그러나 왕은 하나님에 대해 간접적으로 고백한다. 다
니엘의 하나님을 모든 신들의 신이요 모든 왕 중의 왕이라고 고백한
다. 그러나 이 고백은 하나님을 향한 고백이라기보다는 꿈을 해석한
다니엘에게 간접적으로 한 고백이다. 왕
은 다니엘의 해석을 듣고 그에게 절하고
예물과 향품을 주며, 바벨론 온 지방을 다
스리게 하고 바벨론의 어른으로 삼았다.
세 친구에게는 바벨론 지방직을 맡겼다
2:46-49. 이러한 왕의 성대한 처우는 비밀
을 알게 하신 하나님보다는 비밀을 전한
대행자들을 중요시했다는 의미이다.

> 왕은 다니엘의 하나님을 모든 신들의 신이요 모든 왕 중의 왕이라고 고백한다. 그러나 이 고백은 하나님을 향한 고백이라기보다는 꿈을 해석한 다니엘에게 간접적으로 한 고백이다.

    다니엘의 해석은 현재의 바벨론 번영을 높이면서 또한 미래의

바벨론 멸망을 선포한 것이다. 왕은 자신과 제국의 멸망 예언을 듣고도 태연할 수 있었을까? 아마도 큰 충격을 받았을 것이다. 그러나 꿈 내용과 해석이 밝혀지는 과정에서 신적인 권위가 있었기 때문에 부정할 수는 없었다. 느부갓네살 왕은 외적으로는 다니엘이 알려준 비밀을 신의 뜻으로 순종하는 듯하지만, 내적으로는 저항한다. 바벨론 제국의 영원한 안녕을 위해서 신상을 여러 금속 대신 온통 금으로 만들고 모든 백성이 경배하게 했기 때문이다^{단 3:1}. 백성들의 충성에 기초한 영원한 나라를 세우려는 것이다. 이렇게 왕은 자기 한계를 겸손하게 인정하기보다는, 하나님의 계시에 완강히 저항한다.

　3장에서는 바벨론 멸망이라는 하나님의 계시에 저항하는 왕의 시도가 유다의 유일신 사상과 충돌하면서 유대인들의 저항에 직면하게 된다.

포로 시대와 팬데믹 시대: 제국 위에 계신 하나님

포로 시대의 디아스포라들의 삶은 팬데믹 시대의 신앙인들에게 영적 교훈을 준다. 바벨론 제국은 통치권을 가진 국가를 상징하고, 다니엘은 포로 시대를 살아간 신앙인의 모습이다. 먼저, 국가^{제국}의 권세는 하나님이 세우셨기에 신앙인들은 그 권세가 하늘로부터 온 것으로 알고 순종해야 한다. 하나님은 국가의 권세를 통하여 세상을 통치하신다. 그래서 신앙인들은 통치자들의 권세를 존중하고, 그들이 세상을 잘 통치할 수 있도록 도와주어야 한다. 동시에 국가의 본질은 하나님 나라의 가치와 충돌할 수 있기에 국가가 정도를 이탈하지 않고 바른 가치를 지향하도록 도와주어야 한다. 특히 국가가 제국주의를 지향하거나 교회와 신앙인들을 위험에 빠뜨리지 않도록 힘을 모아 견제하고 감시해야 한다. 교회는 국가와 힘을 합하여 공공선을 지향하고 협조하며, 신앙인들의 경건한 삶이 어려움을 받지 않도록 국가를 위하여 기도해야 한다. 국가에 부여된 권세가 중요하지만, 하나님은 국가 위에 계신 분임을 항상 기억해야 한다.

다니엘의 삶은 포로 시대를 살아가는 사람들의 본이 된다. 비록 원치 않는 포로의 삶 일지라도 그 안에서 만나는 사람들을 환대해야 한다. 다니엘은 포로의 낮은 신분임에도 불구하고 공손함과 기품 있는 자세를 취했고, 명철하고 슬기로운 말로 촌각을 다투는 위기를 대처했다. 그 결과 근위대장 아리옥의 도움을 받아 위대한 사역의 실마리를 풀게 된다. 그는 포로로 살아가야 하는 이방 땅을 사랑했다. 바벨론 점성가들과 친구들이 위험에 처한 것을 불쌍히 여겨 중보기도를 통해 위기를 극복한다. 그는 이방 세계에서 위로부터 오는 능력으로 세상을 빛냈다. 절체절명의 위기 가운데 있었지만, 바벨론 심장부에서 다니엘을 빛나게 하신 하나님은 세상 한가운데 있는 당신의 백성들을 오늘도 빛나게 하시는 분이시다.

팬데믹 시대를 살아가는 신앙인들도 국가에 대한 바른 자세와 모범적인 신앙인으로 살아가는 것이 필요하다. 국가의 정책으로 인하여 교회가 예배 방법에 대한 혼란을 겪었고, 미숙한 정책으로 교회에 대한 부정적인 인식을 세상에 주게 되었다. 이것은 국가와의 바른 관계가 필요하다는 것을 보여준다. 교회는 국가와 협조하여 적극적으로 길을 찾고, 함께 공공선을 추구하며, 바른 정책을 수립하도록 도와야 한다. 때로는 교회의 정체성에 반하는 정책에는 강하게 저항하고 길을 제시해야 한다. 팬데믹 시대에 신앙인들은 세상의 소망으로 살아야 한다. 끝이 보이지 않는 상황에서도 하나님의 보호하심과 기적이 우리를 돌보며 이끌 것을 믿어야 한다. 특히 우리 곁에 있는 힘들고 어려운 사람들을 환대할 책임이 교회에게 있다. 팬데믹 시대는 반드시 끝이 있다. 그때까지 곤경에 닥친 사람들을 환대하고, 하나님의 백성들을 소중히 여기며 소망을 품으면서 긴 터널을 함께 걸어가야 한다.

1 느부갓네살 왕은 꿈을 잊은 것인가? 아니면 잊은 척하는 것인가?

2 다니엘은 어떻게 왕의 꿈을 해석하게 되었는가?

3 꿈 해석은 느부갓네살 왕과 유다 백성들에게 각각 어떻게 다른 의미로 다가오는가?

4 다니엘의 해석을 들은 느부갓네살 왕의 외적인 반응과 내적인 반응이 어떻게 다른가?

5 왕의 꿈에 대한 다니엘의 해석은 오늘날 우리에게도 종말에 관한 교훈을 줄 수 있는가?

6 다니엘서 2장이 중보기도에 관해 주는 교훈은 무엇인가?

왕의 왕이시니

김 계 환

네 강을 열어 방위를 정하시고
물을 풀어 땅을 견고하게 하시니
하늘 위의 물들이 높임이여
아래의 초목들이 찬양 하나이다

강철을 벼려서 산을 정복하고
살을 쏘아 성을 에워쌀지라도
곧 그 마음에 두어야 할지니
왕의 왕을 기억할지라

뿌리를 허락하시는 이를 알지라
싹으로 생명을 얻게 하시는 이를 보라
나라야, 민족아 눈을 들라
왕들아, 높은 망대야 귀를 기울이라

사람을 풀어 흩어 놓으시니

나귀와 낙타를 순종케 하시니

크신 손으로 높이심이라

힘찬 바람으로 밀어 올리심이라

뜰에 하늘의 귀한 것들을 달고

발아래 명랑한 소리를 둘지라도

잔을 들어 쏟아야 하리라

채우신 이를 찬양할지라

대리석을 굳히신 이를 알지라

흙에 숨을 불어 넣으신 이를 들어라

그 기운찬 것이 어디에 있는가?

큰 관을 쓴 자들이여!

Pre.

〈불 가운데 사드락, 메삭, 아벳느고〉 구스타브 도레 (Gustave Dore, 1866)

3

그렇게 하지 아니하실지라도
(다니엘서 3장)

세상의 호의를 기대하지 마라

세상은 자신들의 이익을 중시하기 때문에 기독교를 공격하는 것이 전혀 이상한 일이 아니다. 비非-기독교인 중에 기독교인을 호의적으로 대하는 자들도 있지만, 그들이 두려움이나 욕심에 빠지게 되면 제일 먼저 기독교인을 공격한다. 기독교인들이 세상을 성실히 섬겨도 결정적인 순간에는 근거 없는 비난을 쏟아 내거나 기독교인들을 희생양으로 삼는다. 그래서 세상이 기독교에 호의를 베풀 때 감사하면서도 긴장을 늦추면 안 되는 것이다. 오히려 기독교를 매정하게 대하면 마땅히 받을 만한 것을 받는다고 여기는 것이 낫다. 바야흐로 기독교인은 세속주의의 포위와 위협 속에서 살아가는 것이다. 세상에서 기독교인으로 살면서 예기치 않은 도전과 위협에 손해와 희생을 기꺼이 감수하려고 결정할 때 새로운 길이 열린다. 다니엘은 낯선 땅에서 불의함과 무고함을 경험하면서도 믿음의 정절을 지켰다. 다니엘의 이야기가 유익한 이유는 우리도 원하지 않은 무고한 고난과 슬픔으로 세속의 포로 여정을 살고 있기 때문이다. 다니엘서 3장은 "뜻을 정한" 신앙인이라면 필연적으로 "그렇게 하지 아니하실지라도"의 골짜기를 만나게 될 것을 보여준다. 신앙의 길에서 십자가를 피할 수 없다는 말이다. 성도가 직면하게 될 "그렇게 하지 아니하실지라도"의 신앙은 어떻게 나타나는가?

느부갓네살 왕이 금 신상을 만들어 절하게 하다 (1-7절)

느부갓네살 왕이 금 신상을 만든 이유는 무엇인가? 그는 2장에서 자신과 제국에 대한 꿈 해석을 듣고 큰 충격을 받았다. 다니엘의 기막힌 해석에도 왕은 동의할 수 없었고, 오히려 바벨론 제국의 영원한 미래를 위한 해법을 찾아냈다. 그것이 금 신상이었고, 금 신상에 모든 백성을 경배하게 함으로써 멸망의 불안감을 해소하고 제국의 영원함을 스스로 붙잡으려 했다.

3장에서는 이를 위한 낙성식이 거행된다. 바벨론 두라 평지에 세워진 금 신상의 규모는 높이가 약 28m[60규빗], 가로 세로가 각각 약 3m[6규빗]씩이다. 높이에 비해 10분의 1밖에 안되는 폭을 가진 어색한 신상은 높은 받침대 위에 놓였다. 그 신상은 나무로 만든 후에 금박이 입혀진 것으로 보인다.[1] 왕은 제국의 통일성을 강화하려는 목적으로 관리들과 백성들을 낙성식에 소집한다. 모든 관리들은 총독, 수령, 행정관, 모사, 재무관, 재판관, 법률사 등 각 지방의 행정직 통치권자들이었다.

왕이 정한 예식은 선포자의 명령에 따라 금 신상에게 절하는 것이다. "백성들people과 나라들nations과 언어language로 말하는 자들"이라는 표현은 바벨론이 여러 민족으로 된 제국이었음을 뜻한다. 바벨

---

1   Goldingay, *Daniel*, 69.

론에는 느부갓네살 왕에게 순종을 맹세한 제국 각지에서 파송된 지도 자들이 있었다. 예식 선포자의 언어는 공용어인 아람어였고, "나팔, 피리, 수금, 삼현금, 양금, 생황 및 모든 악기"들이 동원되었다. 악기 연주에 맞춰 금 신상에게 절해야 한다. 불복종할 때는 맹렬히 타는 풀 무 불에 던져진다는 왕의 명령이 이미 내려져 있었다. 선포자의 신호 에 따라 모든 백성과 나라들과 각 언어를 말하는 자들은 금 신상에 절 한다.

바벨론은 제국을 만들기 위해 관용주의 정책을 펼쳤다. 제국을 위해 효율적인 결과를 내기만 하면 각자의 종교적인 신념과 실천이 허락되었다. 다니엘과 세 친구가 왕의 음식을 거절할 수 있었던 것도 관용정책이 큰 역할을 한 것이다. 그러나 지금의 무조건적인 금 신상 숭배는 바벨론의 기틀인 관용주의와 어울리지 않는다. 그럼에도 왕은 백성들의 마음과는 관계없이 금 신상에게 절하기만 하면 제국을 위한 애국자로 여겼다. 즉 제국의 통일은 내면의 일치 unity 가 아니라 형식적인 일치 uniform 를 통해 이루어진다고 판단한 것이다. 다신론 신앙의 바벨론 백성들과 달리, 유일신 신앙의 유대인들은 하나님 외에는 다른 신들을 둘 수 없고, 우상에게 절할 수 없었다. 그 행위를 단순한 국가의식이 아니라 신에 대한 숭배로 이해하기 때문이다. 그런데 문제는 세 친구들의 합리적인 종교적 이유를 국가에 대한 반反-충성심으로 해석하는 것이다. 그들의 바벨론 사랑과 왕에 대한 충성이 증명되었음에도 위기에 처하게 되었다.

느부갓네살 왕은 신앙인들에게는 무자비한 제국의 상징이다. 국가의 자기 절대화라는 속성상 스스로 법을 만들고 복종을 요구한다. 겸손하게 하늘의 뜻을 기억하고 진심으로 백성을 섬기려고 했다면 이런 결정을 강행하지 않을 것이다. 왕의 일방적인 통제는 품위 있고 존경할만한 제국을 만들기보다는 자기만족에 도취되어 욕망을 이루는 쪽으로 이동한다. 결과적으로 제국에 충성한 세 친구를 전혀 해가 되지 않는 유일신이라는 죄목으로 무자비하게 풀무불에 던졌다. 제국을 위한 충성스러운 인재를 잃고 말았다. 왕에게 아첨하고 듣기 좋은 말로 처세하는 자들 때문에 제국의 앞 날은 어둡기만 하다.

고발과 심문 그리고 처형 (8-23절)

고 발 장

- ■ 성명: 사드락, 메삭, 아벳느고
- ■ 죄목: 1) 왕이 세우신 금 신상에게 절하지 않았다.
  2) 왕을 높이지 않았다.
  3) 왕의 신들을 섬기지 않았다.
- ■ 형벌: 맹렬히 타는 풀무불 가운데 던짐

황폐한 성소에 주의 얼굴빛을 비추소서!

성대한 금 신상 낙성식이 끝난 직후 한 장의 고발장이 행정부에 접수되었다. 낙성식 곳곳에 배치된 감시자들에 의한 고발장이었고, 금 신상에 절하지 않은 다니엘의 세 친구에 대한 것이었다. 보고는 즉각 왕에게 전달된다.

이 명단에 다니엘은 왜 빠졌을까? 다니엘과 세 친구의 근무처와 하는 일이 달랐기 때문이다. 다니엘은 왕궁에서 일하는 지혜자의 어른이었고, 세 친구는 지방에서 일하는 관원이었다. 왕이 낙성식에 참가시킨 대상은 모든 관원이었기 때문에 지방직 관원인 세 친구만 동원된 것이다. 왕이 의도한 것은 국가의 통일성과 국가에 대한 충성심 그리고 수호신에 대한 종교심과 자신에 대한 숭배였다. 그래서 세 친구에게는 왕의 명령이 하나님 이외 다른 신을 숭배하라는 종교적 행위였다.

느부갓네살 왕은 분개하며 세 친구들을 왕궁으로 호송할 것을 명령한다[13절]. 먼저, 왕은 사실 여부를 확인한다. 세 친구의 해명 이전에 고발자의 보고가 사실임을 전제 한 것이다.

> 너희가 나의 신들에게 경의를 표하지 않고, 내가 세운 금 신상에도 절하기를 거부한 것이 사실인가? 메시지 성경, 단 3:14

그러면서 왕은 지난 일의 잘못은 묻지 않겠다고 한다. 왕은 세 친구에게 회유책을 쓴 것이다. 왕의 목적은 그들을 충성된 시민으로 만들려는 것이지 죽이는 것이 아니기 때문이다. 이제부터는 절차에 따라 신상에 절해야 하며, 만약 어길 때에는 맹렬히 타는 풀무 불에

던져질 것이라고 경고성 명령을 내린다. 그리고 세 친구가 믿는 신을 향한 조소 섞인 말을 내뱉는다:

> 너희가 만일 절하지 아니하면 즉시 너희를 활활 타오르는 풀무불 속에 던질 것이다. 능히 너희를 내 손에서 건져낼 신이 누구이겠느냐? 단 3:15

이 질문에는 유대인들의 신이 절대로 그들을 구원할 수 없으며[2] 자신의 경고에 세 친구가 순종할 것이라는 왕의 확신이 담겨있다. 그런데 세 친구는 왕의 위협에도 죽음을 두려워하는 내색 없이 이렇게 말한다.

> 왕께서 그렇게 말씀하셔도, 저희는 달라질 것이 없습니다. 왕께서 저희를 불 속에 던지신다고 해도, 저희가 섬기는 하나님은 왕의 불타는 풀무불에서, 아니 그보다 더한 불구덩이에서도 능히 저희를 구하실 수 있습니다. 그분이 그렇게 하지 아니하실지라도, 왕이시여, 저희에게 달라질 것은 아무것도 없습니다. 저희는 왕의 신들을 섬기지 않을 것이며, 왕께서 세우신 금 신상에 절하지도 않을 것입니다. 메시지 성경, 단 3:16-18

금 신상에게 절하는 것은 하나님 외에 다른 신을 섬기는 것이다. 세 친구는 하나님에 대한 믿음에 흔들림이 없으므로 왕에게 할 대

---

2 히스기야 시대에 예루살렘을 바라보고 여호와에게 도전한 앗수르 왕의 말과 유사하다: "민족의 신들 중에 어느 한 신이 그의 땅을 앗수르 왕의 손에서 건진 자가 있느냐? 민족의 모든 신들 중에 누가 그의 땅을 내 손에서 건졌기에 여호와가 예루살렘을 내 손에서 건지겠느냐?"(왕하 18:33-35)

답은 이미 정해져 있었다. 그들은 왕의 위협에서도 하나님의 구원 능력을 믿지만, 하나님이 자신들을 즉시 구원해야 한다고는 강요하지 않는다. 하나님의 구원을 소망하지만 하나님의 자유에 맡긴 것이다. 하나님이 자신들을 구원하는 것과 상관없이 그들의 신앙은 변함이 없다. 신앙을 무기로 위기 상황에서 하나님을 협박하지 않는다. 이것이 "그렇게 하지 아니하실지라도"의 고백이다. 결과에 상관없이 하나님 신앙을 고수한다. 하나님 신앙을 포기하지 않겠다는 한결같은 태도는 기꺼이 죽음을 받아들일 수 있게 했다.

> 그들은 왕의 위협에서도 하나님의 구원 능력을 믿지만, 하나님이 자신들을 즉시 구원해야 한다고는 강요하지 않는다. 하나님의 구원을 소망하지만 하나님의 자유에 맡긴 것이다.

결국, 대제국 바벨론 왕의 회유책은 여지없이 실패되었다. 왕은 분노가 가득 찬 상태로 "풀무 불의 뜨겁기를 일곱 배로 하라"로 명령한다.[3] 세 친구는 겉옷, 속옷, 모자 그리고 다른 옷을 입은 채 왕의 군사에 의해서 풀무 불에 내던져진다. 그 불꽃과 열기는 세 친구를 붙든 간수들을 태워버릴 정도로 강렬했다. 풀무 불의 위용이 확인된 것이다. 세 친구는 그들의 신앙고백에 대한 하나님의 어떤 기적의 징조와 약속도 없이 풀무 불에 던져져 버렸다.

---

3   이 말은 최고로 뜨겁게 하라는 최상급의 명령이다 (잠 24:16; 26:16).

느부갓네살 왕의 체험과 변화 (24-30절)

세 친구가 풀무 불에 떨어진 직후 느부갓네살 왕은 측근들과 다급한 대화를 주고받는다.

> 우리가 손발을 묶어 불 속에 던져 넣은 사람은 셋이 아니더냐? 옳습니다. 세 사람이 풀무불에 던져진 것이 사실입니다. 그런데 보아라, 내 눈에는 지금 네 사람이 보인다. 그리고 그들은 아무 해도 입지 않고 불 속을 자유자재로 걸어 다니고 있다! 저 네 번째 사람은 꼭 신의 모습 같구나!
>
> 메시지 성경, 단 3:24-25

왕은 풀무 불 속에서 또 다른 사람을 발견하였는데, 그 모습이 신들의 아들과 같다는 것이다. 아람어인 "신들의 아들"ᵃ ˢᵒⁿ ᵒᶠ ᵗʰᵉ ᵍᵒᵈˢ 은 인간과 다른 신적인 존재창 6:2; 욥 1:6; 2:1; 시 29:1를 말하는데, 결국 왕은 "하나님이 보낸 천사"라고 고백한다단 3:28. 이 광경은 왕이 신하들과 함께 목격한 것이 아니라 개인적인 체험이었다. 마치 바울이 다메섹 도상에서 예수님을 본 것이 바울 개인적 체험일 뿐, 동행자들은 보지 못한 것과 같다. 세 친구는 이사야가 예언한 대로 불 가운데서 보호를 받은 것이다.[4] 하나님은 그들을 구원할 의무는 없었지만, 은혜로 불 가운데

---

4   "네가 불 가운데로 지날 때에 타지도 아니할 것이요 불꽃이 너를 사르지도 못하리니"(사 43:2).

서 구원하셨다.

왕은 신의 아들에 의해 구원받은 세 친구를 보고서 위험을 무릅쓰고 풀무 불 입구까지 다가갔다. 왕은 그들을 향해 "지극히 높으신 하나님의 종"이라 부르며 나오라고 말한다. 왕의 관리들은 불 가운데서 나온 세 친구를 주목했다. 세 친구를 면밀하게 살펴보았지만, 풀무 불에서 나왔다는 증거를 찾을 수 없었다. 머리털도 그을리지 않았고, 겉옷 빛깔도 변하지 않았으며, 불탄 냄새조차도 없었다. 왕과 측근들은 풀무 불에서 구원하시는 하나님의 기적을 경험한 것이다. 느부갓네살은 이렇게 고백한다.

> 사드락과 메삭과 아벳느고의 하나님을 찬양하여라! 그가 천사를 보내어 자기를 신뢰한 종들을 구하셨다. 이들은 왕명을 어기고 목숨을 내놓으면서까지, 다른 신들을 섬기고 경배하기를 거부했다. 메시지 성경, 단 3:28

왕은 자신의 명령에 세 친구가 불순종한 것이 하나님 신앙 때문이었음을 인정한 것이다. 왕의 충격은 유대인의 하나님이 자기를 믿고 따르는 자들을 실제로 구원했다는 점이다. 결국 왕을 굴복시킨 것은 하나님의 초자연적 능력이었다. 이러한 왕의 심정은 직접 작성한 조서에 고스란히 드러난다.

조서가 가르키는 경고의 대상은 "하나님에 대해 감히 함부로 말하는 자"들이다. 그런 자는 사지를 찢고 그 집을 허물겠다고 경고한다. 느부갓네살 왕 자신이 하나님을 향해 함부로 말했다가 하나님의 놀라운 구원을 목격했기 때문이다. 왕은 자기와 같은 자들이 더는 나와서는 안 된다고 경고하며, 이 명령을 지키지 않는 자를 심판하겠다고 한다. 왕이 이렇게 단호한 태도를 보이는 이유는 무엇일까? 그들의 하나님이 천사를 보내서 풀무 불에 있는 자기 백성을 구원한 것을 목격했기 때문이다. 이 사건만으로도 하나님은 경외 받을 만한 신이다. 그래서 왕은 세 친구의 하나님을 찬송한다. 이것을 하나님을 향한 느부갓네살의 회심이라 말할 수 있지만, 유일신적인 배경이 아니라 바벨론의 다신교 세계관을 전제한 고백이다.

세 친구의 풀무 불 사건은 포로시대 유대인들에게 이방 땅일지라도 오직 하나님만을 섬겨야 한다는 강한 메시지를 던진다. 유일신 신앙 때문에 고난이 닥치겠지만, 하나님은 전폭적으로 당신의 백성을 돌보실 것이다. 그러나 하나님의 보호를 우리 마음대로 예단할 수 없고, 기계적으로 기대할 수도 없다. 하나님의 자유와 주권에 맡겨야 한다. 하나님은 하나님의 방법으로 자신의 주권을 행사하실 것이다. 다만 우리는 오직 하나님만을 향한 믿음을 견지해야 한다.

포로시대와 팬데믹 시대: 하나님을 코너로 모는 기도를 넘어서서

세 친구가 죽음의 위기에 몰렸을 때 그들은 왜 하나님에게 꼭 구원해 달라고 매달리지 않았을까? 하나님의 간섭을 강요하는 기도가 하나님을 코너로 모는 기도이다. 하나님을 코너로 몰고 반드시 이루어 달라는 기도를 드려야 참된 신앙인인가? 하나님에게 시한을 정하고 그 결과에 메이는 순간 삶은 곤고해진다. 그렇게 가슴이 타는 시간을 숱하게 보내면서 그것이 나의 욕심임을 깨닫고 다시는 하나님을 코너로 몰지 않겠다고 결심하게 된다. 하나님을 코너로 모는 대가는 하나님이 아니라 바로 나 자신이 치르게 된다. 물론 절박하게 기도하는 것이 중요함은 말할 필요가 없다. 그러나 절박함이 하나님의 자유를 제한해서는 안 된다. "그렇게 하지 않으실지라도"의 신앙은 하나님이 당신의 자유로 선택하실 일을 생각하면서, 응답이 없어도 평안을 유지하고 감사로 기다릴 수 있는 신앙이다.

우리는 위기를 겪을 때 "하나님이 우리를 건지실 것입니다"라고 고백한다. 대적을 향해서도 이렇게 말한다. "네가 아무리 우리를 풀무 불에 넣어 봐라. 하나님이 구원하실 테니". 고난에 던져진 우리를 하나님이 보호하시고 건져 주실 것이라고 당연하게 믿는다. 이것은 하나님의 자녀로서의 특권이다. 그러나 문제는 구원이 우리 손에 있지 않고 하나님의 손안에 있다는 것이다. 우리는 하나님의 구원을 기대하면서도, 하나님의 주권과 자유를 인정하며 "그렇게 하지 아니하실지라도"라고 기도할 수밖에 없다. 이 기도는 반드시 구원받기를 기대하지만, 하나님이 우리 기대와 달리 결정하실지라도 하나님 신앙을 포기하지 않겠다는 뜻이다. 하나님은 아마도 95% 이상 우리 기도를 들으시고, 당신의 자녀에게 좋은 것을 주시는 분이다. 단지 예측하지 못하는 5%에서 우리의 기대만큼 하나님이 행하지 않으실 때가 있다. 그때 조급하지 않고, 하나님을 협박하지 않고, 그분의 때를 기다리겠다는 태도를 가져야 한다. 이것이 하나님만을 사랑하는 절대신앙이다. 하나님만을 사랑할 때 세 친구의 구원과 느부갓네살 왕의 찬양같은 예측할 수 없는 기적들이 일어날 것이다. 하나님은 우리의 최고의 것을 드릴 때 하나님의 방법으로 기적을 준비하시는 분이기 때문이다.

코로나로 어려움을 겪는 하나님의 백성들에게도 포로시대 백성들처럼 "그렇게 하지 않으실지라도"의 신앙이 필요하다. 하나님을 믿기 때문에 항상 1등 해야 하고, 승진해야 하고, 성공해야 한다고 기대했다가 다른 길이 주어지면 하나님을 불신하고 신앙의 허무를 말하는 자들이 있다. 그들은 돈과 보상과 세상의 가치를 하나님보다 더 크게 믿는 자들이다. 그러나 하나님이 더 크다고 믿는다면 신앙의 정절을 지킴으로 주어지는 결과를 기쁘게 수용해야 한다. 하나님은 가장 좋은 것을 주신다. 때로는 하나님이 기도의 거절과 약속의 지연, 뜻밖의 슬픔으로 찾아오실 때도 있다. 그때가 바로 "그렇게 하지 아니하실지라도"의 신앙을 발휘할 기회이다. 대가를 바라지 않고 하나님만을 바라보는 시간이다. 오직 하나님 사랑 그 자체로 자족하며 결과는 하나님의 자유에 맡기고 기다리는 겸손의 시간이다. 믿음의 끈을 단단히 잡고 견디는 시간이다. 혹시 하나님의 역전이 주어진다면 덤으로 축복으로 누릴 뿐이다. 인생은 회복을 기다리는 포로의 여정과 같다. 우리의 여정이 신앙을 위협하는 다양한 외로움과 슬픔 그리고 어려움과 역경으로 빛이 가려진 깊은 터널을 지나가는 것처럼 보여도 "그렇게 하지 아니하실지라도"의 신실한 신앙만이 궁극적인 승리를 안겨줄 것이다.

3. 그렇게 하지 아니하실지라도 (다니엘서 3장)

1 느부갓네살 왕은 왜 금신상을 만들었는가?

2 느부갓살 왕은 백성들에게 어떤 방법으로 금신상을 숭배하게 했는가? 이 조치가 백성들에게 어떤 효과가 있겠는가?

3 느부갓네살 왕이 세 친구들을 소환하여 심문할 때 어떤 자신감이 있었으며, 어떤 기대를 했겠는가?

4 세 친구들이 풀무불 앞에서 가졌던 "그렇게 하지 않으실지라도"의 신앙이 무엇인지 자신의 언어로 설명해 보자.

5 하나님은 왜 풀무불 앞에서 기적적으로 세 친구들을 구원하지 않고 꼭 풀무불 안에서 그들을 건지셨는가?

6 세상의 권력자 느부갓네살 왕은 신앙인들을 핍박하려다가 오히려 하나님을 찬양했다. 오늘날에도 기독교에 대하여 부정적인 세상 권력자들의 태도를 바꾸게 하는 것이 가능한지 생각해보자.

그렇게 하지 아니 하실지라도

김 계 환

천구에 흩어 놓으신 별을 보게 하셨나이다
어깨를 묻고 발목을 잡던 모래를 세게 하셨나이다
마른 길을 열어 놓으신 말씀을 따랐더이다
돌을 밀어내어 우물을 열었더이다

나귀가 길을 열지 않아도
낙타가 인도하지 않아도
별자리는 잠들고 새벽은 멀지라도
부르신 길을 따라 왔나이다

당신보다 낮은 자가 완강하고
하늘나라보다 작은 제국이 험악하니
풀무불을 향하나이다
사자의 엄니를 향하나이다

큰 바다를 향하던 고백도 멈추고

노래하던 옛 고향도 잊었나이다

늙은 어미의 눈물은 마른 가슴에 젖고

종려나무에 머물던 바람도 숨을 죽였나이다

제국의 문양이 달린 문이 열리고

병정들의 창은 반짝입니다

시퍼렇게 파란 하늘 위로 약속은 굳건한데

등을 미는 바람은 잊으라하나이다

맹렬한 불꽃을 향하겠나이다

곤두선 갈기를 맞겠나이다

비를 내리시지 아니 하실지라도

포효하는 입으로 피를 닦지 아니 하실지라도

Pre.

나는 인간 사회에서 쫓겨나
소처럼 풀을 뜯어 먹고,
하늘에서 내리는 이슬을 맞으며 살았다.
머리카락은 독수리의 깃털처럼 자랐고,
손톱은 매의 발톱처럼 자랐다 (메시지 성경, 단 4:33)

〈미친 사람으로 동물과 함께 살아가는 느부갓네살 왕〉윌리엄 블레이크 (William Blake, 1757-1827)

4

왕의 뼈아픈 포로살이
(다니엘서 4장)

하늘 높은 줄 모르고 교만했던 느부갓네살 왕의 포로살이가 시작되었다. 포로살이는 유다 같은 약소국의 백성만이 겪는 것이 아니었다. 세계 정복자의 포로살이는 누구에게나 놀라울 수 밖에 없다. 이것이 권력자들에게는 충격으로 다가왔다. 누가 대제국의 왕을 포로살이 시켰을까? 왕을 폐하기도 하시고 세우기도 하시는 하나님만이 하시는 일이다. 권력자들에게 권력의 한계를 깨닫게 하신다. 4대 후에 일어날 제국의 멸망을 걱정하기 전에 왕은 자신의 처지부터 고민해야 했다. 다니엘은 꿈 해석을 통하여 왕에게 재앙을 피할 기회를 제시하였다. 그러나 피할 수 있는 D-day를 넘겼다. 꿈 해석대로 그는 왕위에서 쫓겨나 짐승이 되었다. 흉한 모습이다. 소처럼 풀을 먹고, 하늘 이슬에 젖었고, 머리카락은 독수리 깃털 같았고, 손톱은 매의 발톱처럼 자랐다. 그의 유일한 위로는 나무의 그루터기처럼, 포로 기간이 일곱 때로 정해져서 언젠가 포로의 끝이 올 것이라는 희망이다. 그 시간은 절대 왕권이 하나님의 은혜로 주어진 것임을 뼛속까지 각인해야 했다. 일곱 해는 왕이 교만을 벗고 하나님을 경외하는 데 필요한 시간이었다.

'포로'는 이스라엘 백성에게는 익숙한 단어다. 요셉은 총리가 되기까지 감옥에서 2년 동안 잊혀진 포로기간이 있었다. 모세는 출애굽의 지도자가 되기까지 광야 40년의 포로기간이 필요했다. 시편 기자는 실제로 이스라엘 백성들이 경험한 시온의 포로로부터 해방된 경험을 기억하며 다시금 시작된 고통스러운 포로 시기에 회복의 은혜를 기대하며 눈물로 씨를 뿌렸다시 126:1-6. 포로기간은 눈물의 시간이며 자아가 깨지고 회복되는 시간이다. 이사야 공동체처럼 "이제 형을 다 살았고, 이제 죄가 해결되고, 용서되었다"^{사 40:2}라는 새 시대의 소식이 올 때까지 낮아지고 회개하며 은혜를 기다리는 시간이다.

느부갓네살 왕의 포로기간 모습은 소와 짐승같은 비참한 현실이었다. 그는 하나님 앞에서 고독의 시간을 갖는다. 통치권을 받은 것이 얼마나 큰 은혜였는지? '내가 다시 회복한다면 다르게 살텐데', '다시 기회가 온다면 달라질 것인데'라는 기도를 드린다. 권력의 정점에 가보았거나, 성공의 맛을 본 자라면 갑자기 들이닥친 몰락에서 지난 과거를 회상하기 마련이다. 희미한 그루터기 희망을 안고 "한 번만 더"라고 기도할 것이다. 이제 왕의 마음에 하나님 경외함이 더 깊이 새겨질 것이다. 왕의 추억을 통해 전해주는 진실한 교훈이 다니엘서 4장에 나온다:

그분의 기적은 실로 엄청나고,

그분의 이적은 놀랍기 그지없다.

그분의 나라는 영원하고

그분의 통치는 대대로 이어진다. ^{메시지 성경. 단 4:2-3}

왕은 자신의 체험에서 얻은 교훈을 모든 백성에게 조서로 전달한다. 4장에서 즉위-교만-포로-회복으로 전개되는 느부갓네살 왕의 인생 여정을 돌아보자.

왕의 권세: 세상을 섬기는 도구

하나님은 느부갓네살 왕에게 세상을 통치할 권세를 부여하셨다.

> 세상의 중심에 커다란 나무 한 그루가 높이 솟아 있었다. 그 나무는 내 앞에서 거대하고 튼튼한 나무로 자라났다. 나무 꼭대기가 하늘에 닿아, 땅 끝 네 귀퉁이에서도 보일 정도였다. 잎사귀는 아름답고 열매는 풍성했다. 모든 사람이 먹고도 남을 만했다! 들짐승들이 그 그늘 밑에서 쉬고 새들이 그 가지에 둥지를 틀었으며, 모든 생명체가 양식과 보금자리를 얻었다. 메시지 성경, 단 4:10-12

하나님은 왕에게 세상을 통치하는 권세를 주셨다. 그가 가진 권세의 절정은 세상의 중심에 커다란 나무가 솟아 있는 것 같은 높이와 풍성함으로 표현된다. 나무의 높이는 꼭대기가 하늘에 닿아서 창 11:4; 사 14:13-14; 겔 31:3 땅 끝 네 귀퉁이에서도 보일 정도이다. 잎사귀가 아름답고 열매가 풍성하여 모든 사람이 먹고도 남을 만했다. 들짐승들이 그 그늘 밑에서 쉬고 가지에 둥지를 틀었으며, 모든 생명체가 그 나무에서 양식과 보금자

잎사귀가 아름답고 열매가 풍성하여 모든 사람이 먹고도 남을 만했다. 들짐승들이 그 그늘 밑에서 쉬고 가지에 둥지를 틀었으며, 모든 생명체가 그 나무에서 양식과 보금자리를 얻었다. 왕은 세상 생명의 원천을 제공하는 권세를 하나님으로부터 받은 존재이다.

리를 얻었다. 나무의 풍성함은 족히 온 세상을 품을 수 있었다. 왕은 세상 생명의 원천을 제공하는 권세를 하나님으로부터 받았다. 그 권세를 지속하려면 하나님 앞에서 왕으로서의 바른 정체성이 필요하다. 바른 정체성이란 자신에게 주어진 왕권이 참된 왕이신 하나님에게서 온 것임을 깨닫는 것이다.[1] 이제 하나님은 왕에게 권세에 관한 계시를 보여주신다.

느부갓네살 왕의 꿈 (4-19절)

어느 날 걱정 없이 지내던[2] 느부갓네살 왕이 갑자기 무시무시한 꿈을 꾸었다. 세상 최고의 나라를 세우고 자족하며 자만한 때였다. 하나님이 주신 꿈이 왕의 평안을 깨뜨린다. 왕의 평안은 하나님이 주신 것이 아니라, 스스로 자족해하는 평안이기에 꿈 때문에 평안을 상실하고 두려움에 빠진다. 왕은 꿈의 내용을 제국의 운명으로 느꼈다. 즉시 바벨론의 모든 지혜자들을 불러 꿈을 해석하게 한다. 아무도 꿈을 해석하지 못했고, 또다시 다니엘이 등장한다[단 4:8]. 왕은 다니엘을 "거룩한

---

1   단 4:25. 하나님께서 특별히 느부갓네살 왕에게 모든 사람과 들짐승이 섬기게 하였다는 말은 예레미야 27장에서 나타난다. "이제 내가 이 모든 땅을 내 종 바벨론의 왕 느부갓네살의 손에 주고 또 들짐승들을 그에게 주어서 섬기게 하였나니 모든 나라가 그와 그의 아들과 손자를 그 땅의 기한이 이르기까지 섬기리라 또한 많은 나라들과 큰 왕들이 그 자신을 섬기리라"(렘 27:6-7).
2   단 4:4.

신의 영으로 충만한 사람"^{단 4:8}으로 확신하고 꿈을 들려 준다.[3]

왕의 꿈에는 낙관적인 것^{10-12절}과 비관적인 것^{13-17절}이 차례로 나타난다.[4] 순찰자가 내려오기 전까지 낙관적인 장면이 전개된다. 왕이 권세의 정점에 있다는 것이 땅의 중앙의 나무로 설명된다. 이는 권세를 가진 자들이 많은 사람들의 버팀목이 되어서 그들을 먹이고 입혀주는 역할을 보여준다. 그렇게 권세를 부여받은 왕은 백성을 섬기는 일을 해 왔다. 반대로 비관적인 장면은 순찰자가 심판을 선포하고 ^{단 4:14-16}[5] 그 의미^{단 4:17}를 설명하는 부분이다. 심판 선언은 여섯 개 단어로 천천히 진행된다: 찍어 쓰러뜨리고, 잘라내고, 떨어뜨리고, 흩어버리고, 몰아내고, 쫓아내라^{단 2:14}. 심판의 결과로 풍성한 나무의 가지, 잎사귀, 열매가 소실되고, 나무 곁에 있는 짐승과 새들도 사라진다. 세상이 기대었던 버팀목의 풍성함을 소실한다는 것이다. 그렇지만 비관적인 장면 중에 나무의 희망은 그루터기가 남아서 쇠사슬과 청동 사슬로 묶여 무성한 풀밭 땅속에 남는 것이다^{사 6:13; 11:1}. 이제 포로된 왕의 상태는 쇠사슬과 청동 사슬로 묶이고, 하늘 이슬에 젖은 뿌리의 그루터기^{단 4:15}, 그리고 짐승의 마음을 가진 사람^{단 4:16}으로 표현된다. 왕은 멸망 가운데 살아남기는 했지만, 꼼짝 못하는 존재가 된 것이다. 권세를 빼앗긴 채 하늘만 바라보며 들풀 속에서 제정신을 잃고 짐승들과 섞여 살면서 이슬로 목을 축이고 일곱 해를 포로로 살아야 했다.

---

3 2장에서는 은밀한 것을 알리는 분은 하나님임을 밝혔고, 4장에서는 이것을 전제하고 바로 해석에 들어간다.

4 C. L. Seow, *Daniel* (Louisville, Kentucky: Westminster John Knox Press, 2003), 67.

5 본문에서는 순찰자와 거룩한 자가 동의어로 사용된다(4:13, 17). 거룩한 자라는 말은 곧 천사를 의미한다. 순찰자는 심판을 선언하는 천사와 같은 천상의 존재들에게 부여되는 칭호이다.

4. 왕의 뼈아픈 포로살이 (다니엘서 4장)

이제 다니엘이 꿈을 해석할 때다. 다니엘은 해석을 하려다가 "몰려드는 여러 가지 생각에 간담이 서늘해졌다"단 4:19. 이 해석에는 영광스러운 통치와 반갑지 않은 심판이 담겨 있기 때문이다. 다니엘은 당황해 하며 말한다: "저의 주인이시여, 이 꿈이 왕의 원수들에 대한 것이고, 그 뜻이 왕의 원수들에 대한 것이라면 얼마나 좋겠습니까?"메시지 성경, 단 4:19. 왕은 분위기를 알아채고 꿈의 내용에 개의치 말고 말하라고 안심시킨다.

꿈 해석과 느부갓네살 왕을 향한 경고 (20-27절)

———

다니엘은 번성하는 나무를 느부갓네살 왕이라고 해석한다.[6] 그는 동사들을 사용하여 나무가 외적으로 어떻게 성장하는지를 설명한다. "왕이 크고 강대해지셨습니다. 왕의 위엄은 하늘에 닿았습니다. 왕의 주권적 통치는 세상 끝까지 이르렀습니다"단 4:20. 이는 곧 하나님이 왕에게 세상과 우주를 통치할 큰 권세를 주셨음을 깨닫게 한다. 이어서 두 번째 왕에게 임할 일들은 심판부터 회복까지인데, 심판, 칠년의 포

———

6   11절의 "그 모양이 (땅 끝에서도 보이겠고)"와 12절의 "육체를 가진 모든 것이 거기에서 먹을 것을 얻더라"가 생략되기는 하였지만 거의 같은 내용이라고 볼 수 있다. 나무에 대한 꿈의 내용을 재진술 한 후에 다니엘은 해석을 시도한다.

황폐한 성소에 주의 얼굴빛을 비추소서!

로, 회복, 그리고 나라의 견고해짐 등이다.[7]

심 판	1) 사람에게서 쫓겨난다. 2) 들짐승과 함께 산다. 3) 소처럼 풀을 먹는다. 4) 하늘 이슬에 젖는다.
칠 년 의 포 로	왕이 통치권을 잃어버리고 짐승처럼 보낸다.
회 복	하나님이 권세를 주신 주인임을 깨닫는다.
나라가 견고해짐	깨달음 후에 왕의 나라가 견고해진다.

첫 단계인 심판에서 왕은 사람에게서 쫓겨나고, 들짐승들과 함께 살고, 소처럼 풀을 먹으며, 하늘 이슬에 젖는다[단 4:25]. 둘째 단계인 포로 시기는 왕이 칠 년 동안 통치권을 잃고 짐승처럼 지내는 기간이다. 셋째 단계인 회복은 나라를 통치하는 분과 통치권을 주시는 분이 누구인지 알 때 시작된다. 넷째 단계인 나라의 견고해짐은 깨달음 이후에 나타난다.

다니엘은 왕에게 장차 이루어질 심판과 회복의 여정을 설명한 후에 심판을 피할 길을 제시한다.

---

7   성취의 내용이 예언의 내용과 달라진 것을 살펴본다면 환상의 서두에 해당하는 "내가 환상 가운데 본즉"이라는 서두는 생략한다. 순찰자의 말 중에서 "그가 소리 질러"라는 말이 생략되었다. 나무에 대하여도 "나무를 베어"라는 말만 하고 벤 이후의 과정인 "그 가지를 자르고 그 잎사귀를 떨고 그 열매를 헤치고 짐승들을 그 아래에서 떠나게 하고 새들을 그 가지에서 쫓아내라"(단 4:14)라는 말은 생략하고 "없애라"라는 말만 추가되었다. 이어지는 진술도 거의 동일하고 "땅의 풀 가운데에서 짐승"을 들짐승이라고 표현하였다. 또한 "일곱 때를 지내리라"는 말 이전에 "그 마음은 변하여 사람의 마음 같지 아니하고 짐승의 마음을 받아"라는 말을 생략하였다.

4. 왕의 뼈아픈 포로살이 (다니엘서 4장)

그러니 왕이시여, 저의 조언을 받아 주십시오. 왕의 죄를 끊으시고, 이제부터 다른 사람들을 위해 살아가십시오. 악한 삶에서 돌이켜, 억눌리고 짓밟히는 자들을 보살펴 주십시오. 그리하면 왕께서는 복된 삶을 이어가실 것입니다. _{메시지 성경, 단 4:27}

다니엘은 예언자처럼 왕이 심판을 피할 수 있는 길을 제시한다. 그것은 공의를 행하고 자비^{가난한 자를 불쌍히 여김}를 베푸는 것인데, 이것은 본래 왕의 임무였다. 공의와 자비의 역할은 제사처럼 죄를 속하는 것이 아니라, 죄를 단절하게 만드는 것이다.[8] "죄를 속하고"보다는 "죄를 끊으시고"로 번역하는 것이 적절하다. 그 이유는 느부갓네살 왕이 왕으로서의 본분인 공의와 자비를 이행하지 않아서 심판이 임박해졌기 때문이다. 만약 정해진 기간에 공의와 자비를 실천한다면 임박한 심판을 피할 수 있다.

---

8   개역개정판은 왕의 죄를 "끊으시고" 대신 "사하고"라고 번역한다. 그러나 죄를 "끊으시고"가 바른 번역에 해당한다. "사하고"라고 번역하면 마치 공의와 자비를 제사와 같은 속죄의 효과로 오해할 수 있다. 가톨릭 교회는 이 본문이 구제를 통해 죄를 구속한다는 교리를 보여준다고 주장한다. 그러나 본문에서 "사하고"라고 번역한 것은 제사장적인 어휘인 "카파르"가 아니라 "프루크"라는 아람어인데, 이 단어는 죄를 속한다는 의미를 가진 제사장적인 어휘가 아니라 예언 전승에서 사용되는 단어이다. 그래서 깔뱅은 이 본문에서 죄를 속한다는 말은 하나님에 대한 것이 아니라 사람과 관련 있음을 이유로 이 본문이 행위를 통한 구속의 근거가 될 수 없다고 말한다. 프루크라는 단어는 죄를 "속하고"가 아니라 죄를 "없애고"로 번역해야 한다. 배정훈, "다니엘서 4장 27의 번역에 관한 연구," 『Canon & Culture』 제8권 1호 (2014년), 167-193.

왕의 심판과 포로 (28-33절)

다니엘은 느부갓네살 왕이 공의와 자비의 실천으로 심판을 피하기를 기대했다. 그러나 불행하게도 왕에게 예언된 모든 일이 일어나고야 만다 ^{단 4:28}. 왕은 다니엘의 경고를 귀담아듣지 않고 설마하면서 세월을 보냈다. 충고를 듣지 않는 교만함 때문이다. 왕은 회개함으로 자신의 운명을 바꿀 수 있었으나 회개를 거부하여 결국 예언이 성취되었다. 공의와 자비의 부재로 포로 여정이 시작된다. 포로까지의 기한을 1년 대신 열두 달이라고 말하는 것은 ^{단 4:29} 왕에게 회개할 시간이 충분히 남았음을 강조하는 표현이다. 다윗이 지붕에 있으면서 자만에 빠져 밧세바와의 죄악을 저지르고 왕국을 위기에 빠지게 한 것처럼, 느부갓네살 왕은 충분한 회개의 시간이 주어졌음에도 오히려 지붕을 거닐며 제국의 위엄과 영광에 흠뻑 빠져 있었다. 그는 자부심과 자만심으로 가득한 채, 하나님께 돌려야 할 영광을 독차지하며 말한다.

보아라!
내가 세운 이 위대한 바벨론을!
내 영예와 영광에 어울리는 이 왕궁을! _{메시지 성경, 단 4:30}

결국 하나님의 심판은 예고대로 임했다. 왕의 교만한 말이 끝나기 전에 하늘에서 소리가 내려온다. 심판을 다시 선언하고,[9] 자신의 권세가 하나님으로부터 온 것임을 깨달아야 포로 기간이 끝난다고 말씀하신다. 예언은 상세하게 성취되어 왕은 다음과 같이 권세를 빼앗기고 짐승처럼 비참한 7년 포로 기간을 살아가게 되었다(단 4:33).[10]

1) 인간 사회에서 쫓겨나다.
2) 들짐승들과 섞여 살며 소처럼 풀을 뜯어 먹게 될 것이다.
3) 하늘에서 내리는 이슬을 맞으며 살다.
4) 머리카락은 독수리의 깃털처럼 자라다.
5) 손톱은 매의 발톱처럼 되다.

포로에서의 회복과 고백 (34-37절)

이제는 느부갓네살 왕의 회복이 시작되었다. 칠 년이 찼을 때, 왕은 하늘을 올려다보고 제정신을 찾는다. 높으신 하나님을 찬양하고 영원하신 분께 감사하며 영광을 돌렸다(단 4:34).

---

9 25절을 앞의 예언과 비교했을 때에 "하늘 이슬에 젖는다"는 표현이 빠져 있다.
10 "지극히 높으신 이가 사람의 나라를 다스리시며 자기의 뜻대로 그것을 누구에게든지 주시는 줄을 알기까지 이르리라"(단 4:32).

황폐한 성소에 주의 얼굴빛을 비추소서!

그분의 주권적 통치는 영원하고

그분의 나라는 결코 쇠하지 않는다

이 지상의 것들은 아무것도 아니며

하나님의 천상의 군대가 모든 것을 지탱한다

그분이 하시는 일을 아무도 막을 자 없으며

그분의 통치에 이의를 제기할 자 아무도 없다

왕이 제정신을 찾자 위엄과 영화가 회복되었고, 나라는 다시 빛나게 되었으며, 유력자들이 다시 왕을 찾아왔다. 이전보다 더욱 강해졌다. 마지막으로 왕의 경배와 찬양에 대한 보충 설명이 이어진다. 하나님이 하시는 일은 모두 참되고, 그 일을 다 바르게 행하신다는 것이다. 결론적으로 하나님은 교만한 자를 겸손하게 만드는 법을 아시는 분이시다.

> 4장은 처음부터 마지막까지 느부갓네살 왕의 1인칭 고백 형식으로 되어 있다. 왕이 경험한 하늘의 하나님에 대한 고백을 피조물인 개인적인 입장에서 말한다.

4장은 처음부터 마지막까지 느부갓네살 왕의 1인칭 고백 형식으로 되어 있다. 왕이 경험한 하늘의 하나님에 대하여 고백하면서 하나님은 교만한 자를 겸손하게 만드는 분이라는 결론에 이른다. 하나님은 하늘과 땅에 있는 모든 피조물을 당신의 주권에 따라 통치하시는 분이다. 아무도 그분의 행위를 비판할 수 없으며, 하나님은 왕을 세우시고 폐하시는 분이다. 마지막으로 하나님 나라의 영원함을 노래한다.

느부갓네살 왕은 2장에서 변화가 시작되었고, 포로의 연단을 통해 4장에서야 하나님이 원하시는 왕의 정체성을 갖는다. 죄를 끊어내고, 회개로 공의와 정의를 행하라는 경고를 무시했다가 7년 포로를 통해 참된 진리를 배운 것이다. 그의 변화는 점진적이었다.

포로 시대와 팬데믹 시대: 권세를 받은 지도자라면

느부갓네살 왕은 즉위 이후 교만과 폐위, 포로와 회복의 시기를 통해 비로소 참된 왕으로서의 정체성을 얻고 겸손한 자로 변화되었다. 포로 기간 동안 통치권을 잃은 왕은 동물처럼 살면서 자신을 돌아볼 기회를 얻었다. 뼈아픈 기억들이 가슴에 남았기 때문에 남은 인생동안에는 겸손히 왕의 직무를 수행했을 것이다. 교사, 목사, 대통령 등 누구든지 하나님에게 권세를 위임받은 지도자라면 느부갓네살 왕의 삶에서 교훈을 얻어야 한다. 권세가 하늘로부터 온 것임을 깨달아야 한다. 땅의 중앙에 우뚝 선 나무처럼 권세를 받았다면 주어진 기회에 감사해야 한다.

　　왕이 스스로 만족하고 자족할 때 하나님의 심판이 계시로 임했다. 왕은 자신의 권세가 어디서 왔는지 모르고 교만하다가 결국 권세를 잃었다. 지도자는 하나님이 주신 권세를 어떻게 주의 나라를 위해 사용할까 항상 고민해야 한다. 선 줄로 생각하는 자는 넘어질까 조심

해야 한다^{고전 10:12}. 또한 수시로 하나님의 음성을 들어야 한다. 남은 것이 없다고 자신의 생을 비관하지 말라. 지금까지 견딘 것 자체가 은혜요, 조금이라도 성취된 현재가 있다면 오직 하나님의 은혜일 뿐이다. 늘 자신의 지위가 하늘에서 온 것임을 알고 하나님을 위해 사용하려고 겸손히 노력해야 한다. 혹시 넘어졌어도 아주 넘어지지 않고 살아 있다면 기회가 있다. 그러니 감사함으로 자신을 돌아보라. 그러나 포로의 깊은 골짜기에 빠져 있다면, 회개하며, 낮아진 채 하나님의 은혜를 간구하라. 철없이 교만하고, 우쭐대는 마음들을 용광로로 정화하고 여호와 경외심을 더 깊이 배우고 회복을 기다리라. 포로 기간 동안 자아는 깨져야 했고, 정한 때를 인내해야 했다. 마침내 하나님의 정한 때가 되면 회복될 것이다. 그러나 회복은 기계적이지 않다. "포로"는 우연이 아니며, 회복은 저절로 이루어지지 않는다. 회복은 오직 하나님의 손에 있기에 그분의 은혜를 기다릴 뿐이다. 다시 기회를 주신다면 하나님을 위해 주어진 권세를 사용하고 그분의 나라를 위해 살기를 기도할 뿐이다.

한번 포로를 경험한 지도자는 권세를 세우고 폐하시는 분이 하나님임을 절실히 깨닫는다. 마음 깊숙이 여호와를 경외하는 마음이 새겨진다. 하나님은 당신을 경외하는 자에게 복을 주시고 연약한 인간을 통하여 귀한 일을 행하시는 분이다. 시행착오를 반복하며 포로의 웅덩이에 빠져 시간을 낭비하기에는 인생이 너무 짧다. 그래서 돌다리를 두들기듯 하루하루 하나님의 음성에 귀 기울이며 그분보다 한 걸음 늦게 뒤따르며, 맡겨진 일들을 기쁨으로 감당하는 것이 느부갓네살 왕의 포로 추억에서 배울 교훈이다.

느부갓네살 왕 곁에 선 해석자 다니엘 역할을 주목해야 한다. 신앙인이라면 다니엘처럼 하나님의 비밀을 깨닫는 사람이 되어야 한다. 왕은 다니엘에게 마지막 도움을 요청한다. 위기를 인간의 노력으로 해결할 수 없음을 깨달았다. 그래서 신과 소통할 수 있는 다니엘이 해석해 주기를 간절히 바랬다. 이러한 왕의 기대는 오늘날 기독교인을 향한 세상의 기대와 유사하다. 세상은 스스로 해결할 수 없는 일에는 신의 지혜가 필요하기에 우리를 찾는다. '너희들은 기도하는 사람들이니, 제발 하늘로부터 받은 비밀로 우리에게 소망을 주라'. 그렇다. 신앙인은 기도 가운데 하늘의 계시를 세상에 전하는 자들이다.

황폐한 성소에 주의 얼굴빛을 비추소서!

1 느부갓네살 왕이 "중앙에 있는 한 나무"의 환상을 통하여 깨달은 것은 무엇인가?

2 느부갓네살 왕의 잘못은 무엇인가?

3 임박한 심판을 피하려면 느부갓네살 왕에게 무엇이 필요했는가?

4 포로 7년 동안 느부갓네살 왕은 무엇을 경험하고 무엇을 깨달았는가?

5 느부갓네살 왕이 회복된 후에 백성들에게 보내는 설교문을 간단히 써보자.

〈벨사살의 연회〉렘브란트 반 레인 (Rembrandt van Rijn, 1606-1669)

5

신성모독의 시대
(다니엘서 5장)

하나님 앞에서 교만했던 느부갓네살 왕은 포로에서 회복되었다. 반면에 교만한 벨사살 왕은 영원한 멸망의 길에 들어선다. 이스라엘 성전 기물을 자신의 유흥과 자랑거리로 이용하고, 만든 신들을 찬양함으로 회개할 기회 조차없이 무너진 것이다. 그에게서 신성모독의 죄를 본다. 벨사살은 권좌를 지키지 못하고 퇴출당한 지도자다. 그의 일생은 아버지 느부갓네살 왕의 일생과 대비된다.

느부갓네살 왕	즉위	교만	폐위	포로	회복
벨사살 왕	즉위	교만	폐위	멸망	

이제 우상숭배와 신성모독으로 점철된 벨사살 왕의 일생을 들여다보자.

벨사살, 열등감의 희생양 (1-4절)

벨사살 왕이 "그의 귀족"을 위해 큰 잔치를 베풀고 왕후와 후궁들도 참석한다.[1] 초대받은 귀족들은 천 명이나 되었다. 술로 시작된 잔치 분위기가 점점 무르익어 가자 왕은 귀족들에게 자신의 힘을 과시할 기회를 엿본다. 그리고 부친 느부갓네살이 예루살렘 성전에서 탈취한 금, 은 그릇을 가져와 술잔으로 이용한다. 자신이 이스라엘 신보다 위대함을 보여주려는 것이다. 그리고 유흥을 즐긴 뒤에는 금, 은, 구리, 쇠, 나무, 돌로 만든 신들을 찬양한다.

벨사살이 술잔으로 성전 그릇을 사용한 이유가 무엇일까? 그것은 느부갓네살 왕 조차도 하지 않은 행동이었다. 부친은 바벨론 역사상 가장 강력한 왕이었고, 금 신상을 통하여 정치적이고 종교적인 통일 국가를 만들려고 했다다니엘 3장. 그러나 느부갓네살 왕 이후 바벨론은 내리막 길이었다. 벨사살 왕을 이해하기 위해서 "그의 귀족"1절에 주목해야 한다. 그들은 왕의 측근으로서 왕권 수립을 위한 행정과 군사력을 장악한 세력들이었다. 그들은 벨사살의 왕권 유지를 위해 큰 공헌을 했으며, 특혜를 바라는 자들이다. 그래서 그들은 왕에게는 부담되는 자들이었다. 그런데 제국은 점점 쇠약해져 갔다. 그 잔치가 있던 저녁에 바벨론 제국이 멸망한 것을 보면 선왕의 통치에 비해 약한 상태였던 것이다. 제국의 쇠약으로 열등감을 가진 벨사살 왕은 그의 측근들을 달래고 충성심을 유도하기 위해 대연大宴을 열었고, 성전 그릇을 사용하는 특별한 행동을 한 것이다. 그는 아버지처럼 제국의 확장 능력을 보여주지 못하고, 공의와 정의로운 나라를 세우기보다 자신의 권력 유지를 위해 권력에 기대는 자들을 만족시키기에 여념이 없었다.

열등감이 강한 자는 교만을 부린다. 교만의 뿌리는 열등감이다.

---

1 5장은 1장 1절이나 2장 1절처럼 특별한 연대기 표시도 없고, 4장 1절같이 특별한 편지문의 서론도 없이 바로 시작한다.

황폐한 성소에 주의 얼굴빛을 비추소서!

벨사살 왕은 내면의 열등감이 만용되어 스스로 우월한 자임을 적국 이스라엘 신을 모독함으로 드러낸다. 그는 이방 나라의 신들을 존중하는 선왕의 정책을 따르지 않았다. 사람은 자신의 연약함의 본질을 알아서 한계를 인정하고, 그 한계 안에서 은혜로 자부심을 가져야 한다. 자부심과 겸손은 함께 있어야 한다. 자신의 한계를 무시한 교만은 패망으로 인도할 뿐이다. 벨사살 왕의 교만은 위장된 열등감이었고, 자신의 영광을 드러내려는 시도로 돌아오지 못할 신성모독이라는 열차를 타게 되었다.

벨사살 왕의 신성모독은 사울 왕을 생각나게 한다. 사울 왕은 하나님이 선택한 왕이었다. 그는 암몬 족속에게서 이스라엘을 구원함으로써 화려하게 시작했다. 그런데 어느 순간 길을 벗어난다. 제사장 사무엘을 대신하여 전쟁을 위한 제사를 집행함으로 자신의 한계를 넘어버린다. 또한 아말렉을 진멸하라는 헤렘 법을 어겼고, 갈멜에 기념비를 세움으로 자신의 업적을 높인다. 사울 왕의 마음에 누가 있는가? 하나

> 열등감이 강한 자는 교만을 부린다. 교만의 뿌리는 열등감이다. 벨사살 왕은 내면의 열등감이 넘쳐 스스로 우월한 자임을 적국 이스라엘 신을 모독함으로 드러낸다.

님이 아니라 그를 지켜보는 백성과 장로들이다. 사울은 그들의 평판을 두려워했을 뿐 하나님이 주신 소명과 내적 확신으로 행동하지 않았다. 그는 백성들에게서 진정한 존경보다는 조변석개(朝變夕改)하는 인기를 의식했다. 장로들의 내적 권위에 기초한 진정한 순종보다 서로의 탐욕을 채워주는 거래에 근거한 통치를 펼쳤다. 사울은 이스라엘 수도를 출신 지파 베냐민의 중심지인 기브아에 세우고 자기 지파 중심

으로 통치한다. 타 지파를 배제하고 베냐민 지파 출신을 중용하였고, 다른 지파를 차별하는 지역 정치였다. 사울 왕의 다스림은 측근의(of), 측근에 의한(by), 측근을 위한(for) 통치였고, 사회 통합과 백성의 행복이 아니라 분열과 갈등의 정치를 펼쳤다. 훗날 다윗이 유다 지파를 편애하고 베냐민 지파를 차별할지 모른다는 두려움 때문이다. 사울 왕은 스스로 교만하였고, 사람의 칭찬에 귀 멀었고, 권력을 잃을지도 모른다는 불안감에 사로잡혀 몰락의 길을 걸었다. 그런데 사울과 달리 다윗은 하나님의 공의에 따라 유다와 이스라엘, 그리고 가나안 족속까지 품는 통합정치를 시행했다.[2] 지역이 아니라 능력에 따라 인재를 등용했고, 사회통합을 위해 노력했다.

사람의 손가락으로 쓴 글씨와 해석 (5-12절)

—

벨사살 왕은 하나님을 위한 성전 그릇을 세속적 목적으로 사용한 신성모독 죄를 지었다.[3] 성전 그릇으로 유흥에 취해 있을 때 놀라운 광경을 목격한다. 잔치석상 벽에 손가락이 나타나고 글씨가 써지는 것이다. 하나님께서 그의 죄에 대해 즉각적으로 메시지를 보여주신 것이다. 3장에서 하나님을 대적한 느부갓네살 왕에게 신의 아들에 관한

---

2   다윗은 전쟁이 끝나고 전쟁에 참여한 자나 참여하지 않은 자나 모두에게 탈취물을 공평하게 나누었다(삼상 30:24). 압살롬의 난을 정복하기 위하여 군대 지휘권을 공평하게 나누었다(삼하 18:2).

계시를 보여주셨다면, 5장에서는 신성모독을 한 자에게 벽의 글씨로 계시하신다. 그러나 왕은 그 뜻을 아는데 시간이 걸렸다.

> 바로 그때 갑자기 사람의 손가락이 나타나더니, 불빛이 비치는 왕궁의 흰 석회벽 위에 글을 쓰기 시작했다. 몸도 없이 손가락만 나타나 글을 쓰는 광경을 본 왕은 그 얼굴빛이 창백해지더니, 겁에 질려 제정신이 아니었다. 다리에 힘이 빠지는 듯 그는 무릎을 후들후들 떨었다. 메시지 성경, 단 5:5-6

왕이 놀란 것은 글의 내용보다 기록 방식이었다. "글을 쓰는 손가락"은 팔과 몸에 붙지 않은 인간의 손가락 모양으로 불길한 신적 징조와 같아서 두려움에 휩싸였다. 급히 왕은 글 해석을 위해 바벨론의 꿈 해석 전문가 집단을 부른다. 벽의 글을 해석한 자에게는 자주색 옷과 금 사슬을 제공하고 나라의 셋째 통치자로 삼겠다고 약속한다. 그러나 그 글씨를 해석할 수 있는 왕의 지혜자들은 없었다. 왕의 두려움은 점점 더 깊어져 갔다. 급기야 얼굴에 핏기가 사라졌고, 잔치에 참여한 귀족들은 안절부절 못한다. 이때 등장한 왕비의 말에서 다니엘에 대한 몇 가지 정황을 알게 한다.[4] 벨사살에게 다니엘은 아버지

---

3   아간은 하나님께 온전히 바쳐진 것을 개인적으로 취하였다(수 7:1) 이에 대하여 하나님께서 "그 온전히 바친 물건을 멸하지 아니하면 내가 다시는 너희와 함께 있지 아니하리라."(수 7:12)고 말씀하셨다. 아간의 죄는 신성모독에 해당한다. 사울 왕은 "아말렉을 쳐서 그들의 모든 소유를 남기지 말고 진멸하라"(삼상 15:3)는 명령을 받았다. 그러나 사울은 전쟁 후에 "아각과 그의 양과 소의 가장 좋은 것과 기름진 것과 어린 양과 좋은 모든 것을 남기고 진멸하지 않았다."(삼상 15:9). 하나님은 마땅히 하나님께 바쳐져야 할 것을 진멸해야 하는 헤렘법을 위반한 사울 왕을 신성모독 죄로 폐위하신다. 아간과 사울 왕은 모두 하나님께 바쳐진 것을 개인적으로 취함으로 신성모독의 죄를 범한 것이다. 벨사살 왕이 비록 이방 왕이기는 하지만 마찬가지의 기준을 적용한다.

때와는 달리 잊혀진 존재였다는 것과 당시에는 느부갓네살 때와 같은 관료도 아니었다는 점이다.[5] 왕비는 왕에게 다니엘이 과거 느부갓네살 시대에 지혜자들의 어른이었음을 알려준다. 그가 "꿈을 해석하며 비밀을 밝히며 수수께끼를 풀었던"[단 5:12] 일을 상기시킨다. 또한 "거룩한 신의 영으로 충만한 자"요 "탁월한 지혜와 영적인 지혜로 이름 높았던 인물"이라고 말해준다. 그리고 다니엘이 능히 글자를 해석할 수 있다고 확신있게 말한다:

> 다니엘을 부르소서!
> 그리하시면 그가 그 해석을 알려 드리리이다. [단 5:12]

벨사살 왕은 다니엘을 박수장이라는 호칭 대신에 이렇게 부른다. "네가 우리 부왕이 유다에서 붙잡아 온 포로 중의 하나인 다니엘이냐?" 다니엘이 그동안 바벨론을 위해 일했던 공헌에 비하면 너무 심한 홀대였다. 포로라는 인식은 변하지 않은 것이다. 왕은 다니엘에게 벽의 글을

상급에 관계없이 왕을 위해 꿈을 해석하겠다는 것이다(단 5:17) 하나님의 사람은 세상이 주는 인기와 재물에 집착하지 않는 자들이다. 오직 하나님 나라를 위해 최선을 다하는 존재다.

---

4   왕비는 실제로 왕의 잔치에 참여하지 않았지만, 왕의 부름 없이 왕 앞에 등장할 수 있는 위치에 있으며, 왕의 아버지 시대를 기억하는 사람이라는 점 때문에 왕의 비(妃)라기보다는 왕의 어머니(태후)일 가능성이 높다.

5   애굽을 위해 공헌한 요셉이 새로운 바로 왕에게 잊혀진 것처럼(출 2:8), 다니엘은 벨사살 왕의 시대에 잊혀진 존재였다. 느부갓네살 왕 이후에 벨사살 왕은 선왕이 중용하던 인물 대신 새로운 사람들을 중용하였기에 새 시대에 다니엘은 공직에서 물러나 있었던 것이다. 바벨론의 지혜자들이 해석에 실패한 후에 다니엘이 나서게 된다. 그것은 과거를 기억하고 있는 왕비의 추천을 통해서 가능하였다.

황폐한 성소에 주의 얼굴빛을 비추소서!

해석해 준다면 나라의 셋째 치리자가 될 것을 약속한다^{단 5:16}. 그러나 다니엘은 벨사상 왕이 약속한 상급에는 전혀 관심이 없었다. "그 선물들을 거두어 주십시오. 다른 사람에게 주셔도 좋습니다." 상급에 관계없이 왕을 위해 꿈을 해석하겠다는 것이다^{단 5:17}. 하나님의 사람은 세상이 주는 인기와 재물에 집착하지 않는 자들이다.[6] 오직 하나님 나라를 위해 최선을 다하는 존재다.

다니엘의 해석 (13-29절)

다니엘은 벽의 글자를 단순 해석하기보다 예언자처럼 벨사살 왕을 책망한다. 그것은 벨사살 왕의 부친 느부갓네살 왕의 역사에 기초하고 있다. 벨사살의 직접 경험은 아니지만, 느부갓네살 왕의 역사는 아들 벨사살에게 주어진 경고의 계시가 된다. 다니엘은 느부갓네살 왕의 즉위-교만-폐위-포로-회복의 역사를 언급한다. 1단계는 하나님이 느부갓네살을 왕으로 세우고 권세를 주고 높여 주셨다는 것이다. 그로 인해서 모든 백성들과 나라들, 언어가 다른 사람들이 왕을 두려워했다. 왕의 권세는 마음대로 죽이고 살리며 높이고 낮추는 권세였다. 2단계는 왕의 교만이다. 왕의 이런 완악함과 교만은 계명성과 비교된

---

6 Earnest C. Lucas, Daniel (Apollo Old Testament. Apollos: Leicester, England, 2002), 131-132.

다^{사 14:13-14}. 3단계는 왕이 폐위당하고 들짐승처럼 살아가는 단계다. 마지막 4단계는 포로와 회복이다. 포로 기간을 통해 왕은 자신의 정체성을 깨닫고 이렇게 고백한다. "지극히 높으신 하나님이 사람 나라를 다스리시며 자기의 뜻대로 누구든지 그 자리에 세우시는 줄을 알게 된다."

이 기준에 따라 벨사살 왕의 죄악이 선포된다^{단 4:22-23}. 벨사살 왕의 행동은 선왕의 역사를 알고도 마음을 낮추지 않고 하늘의 주재보다 자신을 높인 것이다. 왕의 생명과 길을 작정하고 주관하시는 분이 하나님임을 깨닫지 못했다. 왕은 돌이킬 수 없는 신성모독의 죄를 지었기에[7] 하나님은 회개의 기회를 주지 않으시고 회복할 수 없는 심판을 선고하신다.

벨사살 왕을 향한 심판 (30-31절)

———

다니엘이 해석한 글자는 "메네 메네 데겔 우바르신"이다. 이 글은 모음이 없는 아람어 자음으로 되어 있다. '메네'는 '세어진다'는 동

---

[7] 이 죄는 후에 안티오쿠스의 죄에 비견된다. "자신을 하늘의 주재보다 높이는" 행위는 다니엘서에서 반복되는 죄이다. "자신을 하늘의 주재보다 높이며."(단 5:23); "지극히 높으신 자를 말로 대적하며"(단 7:25); "스스로 높아져서 군대의 주재를 대적하며"(단 8:11); "스스로 서서 만왕의 왕을 대적할 것이나"(단 8:25); "그 왕은 자기 마음대로 행하며 스스로 높여 모든 신보다 크다 하며"(단 11:36).

사이고, 나머지 세 개 명사는 '무게'를 뜻하는 명사다. '우바르신'의 '우'는 접속사인 '그리고'이다. 문자적 의미는 "메네, 데겔, 그리고 바르신으로 세어진다"인데 뜻이 불분명하기에 문맥을 따라 해석해야 한다.[8] 가장 합리적인 문맥은 바벨론과 벨사살의 운명과의 관련성이다.[9] 즉 '세어진다'는 메네는 "끝났다"고 번역할 수 있다. 다니엘은 이것을 "하나님이 이미 왕의 나라의 시대를 세어서 그것을 끝나게 하셨다"라고 해석한다. 데겔의 어근도 '센다'는 뜻인데, 문맥으로는 "세어 보니 부족하다"는 뜻으로 보고 다니엘은 "왕을 저울에 달아 보니 부족함이 보였다"라고 해석한다. 베레스는 "반"이라는 뜻이지만 "나뉜다"는 의미를 살려서 "왕의 나라가 나뉘어서 메대와 바사 사람에게 준 바 되었다"고 해석된다. 하나님은 바벨론과 벨사살을 향한 계시를 문자만으로 이해할 수 없게 하시면서 다니엘을 등장하게 하신다. 우리는 다니엘의 해석에 권위를 두고 받아들여야 한다.[10]

문 자	의 미
메 네	하나님이 이미 왕의 나라의 시대를 세어서 그것을 끝나게 하셨다.
데 겔	왕을 저울에 달아 보니 부족함이 보였다.
바르신	왕의 나라가 나뉘어서 메대와 바사 사람에게 준 바 되었다.

8 메네는 60세겔에 해당하는 히브리어로 한 달란트를 뜻하는 미나이고, 데겔은 히브리어로 세겔에 해당한다. 베레스는 "반"이라는 뜻의 바르신의 쌍수에 해당하므로 반 세겔로 번역할 수 있다. 이 글자의 문자적인 의미는 "한 미나, 한 세겔, 그리고 두 개의 반 세겔"로 번역할 수 있다.

9 Seow, *Daniel*, 82-83.

결론적으로 글씨의 내용은 벨사살 왕과 바벨론 제국의 멸망 선언이다. 하나님은 바벨론 제국의 왕권을 종결하시고, 다른 나라에게 넘기심으로써 자신이 왕을 세우기도 하고 폐하기도 하시는 분임을 드러내신다. 벨사살 왕도 다니엘의 해석을 인정하면서도 다른 반응이 없다. 왕은 약속대로 다니엘에게 자주색 옷과 금사슬을 포상하고 나라의 셋째 통치자로 삼는다. 그 날은 바벨론 제국과 벨사살 왕의 최후의 날이었다. 벨사살 왕에게는 자비를 간청할 기회도 없었다.

> 그 날은 바벨론 제국과 벨사살 왕의 최후의 날이었다. 벨사살 왕에게는 자비를 간청할 기회도 없었다.

포로 시대와 팬데믹 시대: 국가와 교회

느부갓네살 왕과 벨사살 왕은 오늘날 국가와 교회의 관계를 보여주는 기준이 된다. 벨사살 왕은 느부갓네살 왕보다 더 포악한 왕 또는 공권력을 뜻한다. 느부갓네살 왕은 대화가 통하고 신에 대한 기본적인 예의를 갖추는 왕이었다. 성전을 멸망시켰지만 성전 그릇을 보

---

10 이 본문은 또한 다양한 해석에 대하여 열려 있다. 특히 마지막 단어인 '베레스'는 페르시아를 뜻하는 아람어 명사로서 바벨론 이후에 세워질 나라 중의 하나를 의미하기도 하며, 세 개의 명사의 무게의 합이 모두 62세겔인데 바벨론을 무너뜨린 다리오 왕의 나이이기도 하다.

물창고에 보관함으로 신에 대한 존중을 보였다. 하나님의 백성들을 관용으로 대했고 꿈과 해석을 통하여 하나님께 다가간다. 비록 하나님께 경솔하게 말했지만, 신의 아들을 목격한 후에는 하나님에 대하여 겸손했다. 반면에 벨사살 왕은 국가와 종교 사이에서 기본적으로 지켜야 할 선을 넘어버린 왕이다. 그는 선왕이 교만하여 폐위되고 포로살이 한 것을 알면서도 동일한 길을 걷는다. 그는 국력을 키우는 데는 역량이 부족했고, 선왕에 대한 열등감에 젖어 있었다. 그리고 하나님을 가볍게 보고 거룩한 성전 그릇을 더럽히며 우상을 찬양하고 숭배함으로써 신성모독의 죄를 범했다. 교회는 느부갓네살 왕 같은 통치자를 통하여 국가와 힘의 균형을 유지하기도 하지만, 벨사살 왕 같은 통치자로 인하여 위기를 맞이할 수도 있다. 벨사살 왕 같은 통치자는 국가의 공권력과 언론을 무기로 종교를 제압하며, 교회가 지성소로 여기는 분야에까지 서슴없이 침범한다. 표를 얻기 위하여 교회를 이용하면서도, 진정성이 없이 교회를 희생양으로 삼는 일을 버젓이 행한다. 교회는 종교의 자유를 위해서는 국가를 위하여 기도하고 협조하지만, 교회의 본질과 관련된 지성소의 훼손에 대하여는 적극적인 저항을 하는 것이 교회의 전통이다.

신성모독의 위기는 국가로부터만 오는 것은 아니다. 코로나는 기독교의 본질을 담고 있는 형식을 흔들어버리고, 교회들이 오랫동안 소중하게 여겼던 성전, 예배, 그리고 교제 등을 무너뜨리고 신앙인들에게 정체성 혼란을 야기시켰다. 코로나 이전부터 기독교는 이미 세상의 중심이 아니라 변방으로 이동하고 있었다. 계몽주의와 근대주의 시대가 도래하면서 세상의 중심에 있던 기독교 국가의 기초는 점차 무너졌고, 기독교는 점차 변방으로 몰렸다. 산업화와 경제발전에 힘입어 교회가 성장하던 시절과 달리 세상은 기독교에 대하여 호의적이지 않다. 지금 기독교는 국가와 사회로부터 차가운 겨울을 맞이하고 있다.

위기의 시대에 하나님은 모든 것을 보고 계신다. 하나님은 왕을 저울에 달아 부족하다고 여기면 폐하시는 분이시다. 하나님의 대행인으로서 공의와 정의로 세상을 다스려야 할 통치력이 부족하다고 판단되면 권력자의 촛대를 옮기시고 하나님의 마음에 합한 자들을 세우실 것이다. 교회는 통치자를 두려워하지 말고 교회의 본질에 따라 지성소를 귀하게 여기며 보존하고, 바른 교회의 정체성을 세우기 위하여 노력해야 한다. 세상이 우리를 알아주지 않고 때로는 무고한 비난을 자행한다 할지라도 하나님의 공의를 기다리며 십자가를 지기까지 세상을 사랑하신 주님의 길을 묵묵히 걸어가야 한다. 하나님은 언제든지 저울에 달아보시고, 부족한 자를 폐하시는 분이다. 세상이 자행하는 신성모독의 시대를 핑계로 세상에서의 청지기직과 빛과 소금의 역할을 소홀히 한다면 그루터기 희망도 없는 심판으로 회복의 기회조차 얻지 못하는 벨사살이 될 수도 있다. 우리는 왕 같은 자들로 1%의 죄악에도 타협하지 않고 오직 거룩한 삶으로 저울에 달릴 준비를 해야 한다.

1 바벨론에서 가장 강한 왕이었던 조부 느부갓네살 왕에 대하여 벨사살 왕이 느꼈을 열등감은 어떤 것이었는가?

2 벨사살 왕이 연회중에 갑자기 예루살렘 성전에서 가져온 기명을 귀족들과 함께 술잔으로 사용한 이유는 무엇인가?

3 벨사살 왕이 지은 죄의 특징은 무엇이며, 느부갓네살 왕의 죄와 어떻게 다른가?

4 느부갓네살 왕의 실패가 벨사살 왕이 경험한 것이 아님에도 불구하고 심판의 기준이 된 이유는 무엇인가?

5 하나님 앞에서 우리가 "저울에 달아보니 부족함이 보이지" 않기 위해 필요한 일은 무엇인가?

〈사자굴에서 다니엘이 왕에게 응답하다〉 브라이튼 리비어 (Briton Riviere, 1890)

6

위기 시대에 찾아오는 하나님의 기적

(다니엘서 6장)

세상은 그리스도인들에게 호의감^{好意感} 또는 적대감^{敵對感}의 두 가지 태도를 취한다. 메대의 다리오 왕처럼 "너의 하나님이 너를 구원하시리라"라고 진심으로 평안을 기원하는가 하면, 한편으로는 왕의 신하들처럼 사자굴에 던지고야 말겠다는 전의를 다지기도 한다. 이러한 세상의 이중적인 태도는 우리의 성실과 정직과는 무관하다. 그래서 그리스도인들은 지혜로와야 한다. 그들의 호의에 긴장을 풀지 않으면서 탁월함과 정결함을 항상 유지해야 한다.

이방 땅에서 경험하는 호의와 적대감 (1-9절)

—

바벨론 제국을 이어받은 메대의 다리오 왕은 하나님이 원하는 이상적인 왕이었다. 다리오 왕은 다른 제국들처럼 관용^{寬容} 정책을 펼쳤다. 포로를 포함하여 모든 백성에게 균등한 기회를 제공했고, 능력 중심으로 인재를 등용했다. 비록 식민지국의 종교의식은 불허했지만, 제국에 대한 충성심과 진정성을 인정받으면 호의를 베푸는 왕이었다. 그러나 왕의 신하들은 왕의 마음과 일치하지 않았다. 그들은 자신들의 이익에 따른 편향적 태도를 보였고, 자신들의 이권을 위해서는 왕까지 이용할 자들이었다. 다니엘은 적대적인 신하들과 호의적인 왕 사이에 끼어있다. 결국 왕과 신하 사이의 갈등이 시작된다.

다리오 왕은 공정한 행정 제도를 수립한다. 그는 제국의 효율적인 통치를 위해 각 지역에 120명의 고관을 두었고, 세 명의 총리를 두었다. 총리는 고관들을 관리하며 왕에게 이익이 되는 일을 돕고 제국의 유익을 위해 세워진 자들이다. 다니엘은 탁월함과 진정성이 다른 총리들 보다 더 뛰어났기 때문에 전국을 다스리도록 했다. 이러한 새 총리 제도를 알리는 왕의 공고가 게시되었다.

아래와 같이 메대 제국의 새 총리를 임명함

1. 총리 제도는 세 명의 총리로부터 한 명의 총리로 전환한다.
2. 120명의 고관들은 직접 한 명의 총리의 명령을 따라야 한다.
3. 1대 총리는 그동안 뛰어난 업적을 세운 다니엘로 임명한다.

메대 제국 다리오 왕

이 공고는 다른 두 명의 총리를 놀라게 했다. 자신들의 기득권이 포로 다니엘에게 빼앗겼기 때문이다. 두 총리는 측근들과 함께 고관들, 지사, 총독, 법관, 관원 등으로 구성된 카르텔을 만든다. 그리고 다니엘을 제거하려는 음모를 비밀리에 진행한다. 그들에게 관용이란 자신들의 특권이 보장된 상태에서의 선용일 뿐이었다.

총리와 고관들은 다니엘을 고발하고 국정에 대한 그의 실수를 찾아내려고 노력했다. 그러나 다니엘은 공과 사를 철저히 했고, 제국에 충성을 했기 때문에 허물을 조금도 찾아낼 수 없었다^{단 6:4}. 다니엘을 고발하려면 사적인 것이어야 했다. 대적들은 다니엘의 신앙 문제,

황폐한 성소에 주의 얼굴빛을 비추소서!

즉 하나님의 율법을 이용하기로 한다^{단 6:5}. 다니엘을 위협할 수 있는 것은 정치적 견해나 비윤리적 행동이 아니라, 오직 신앙밖에 없었던 것이다. 그만큼 다니엘은 이방 땅에서도 토라와 함께 정결한 삶으로 하나님의 이름이 높여지도록 노력했다. 다니엘의 삶은 모든 디아스포라 유대인들에게 궁극의 모델이 되었다.

또한 오늘날 세상 속에 사는 그리스도인들에게도 신앙의 이정표가 된다.

> 다니엘의 삶은 모든 디아스포라 유대인들에게 궁극의 모델이었다. 또한 오늘날 세상 속에 사는 그리스도인들에게도 신앙의 이정표가 된다.

마침내 총리와 고관들은 다니엘을 몰락시킬 올무를 찾아냈다. 다니엘이 하루 세 번씩 예루살렘을 향해 기도하는 것이다. 당시 포로들은 솔로몬 성전 봉헌식 때 솔로몬이 드린 미래의 자신들을 위한 예언적인 기도를 기억하고 있었다.

그들이 사로잡힌 땅에서 주께서 택하신 성읍과 성전 있는 쪽을 향하여
주께 기도하거든 주는 계신 곳 하늘에서 그들의 기도와 간구를 들으시고
그들의 일을 돌아보시오며. 왕상 8:47

신앙의 기반이 사라진 포로시기에 성전을 향한 기도는 유대인
들의 마지노선이었다. 신하들은 다니엘의 신앙 행위를 정죄할 법령을
만든다. 그러나 다니엘에게 호의적인 다리오 왕이 허락할 리가 없었
다. 결국 다니엘의 대적들이 깊은 논의 끝에 왕을 속일 묘책을 만든
다.

음모자들은 법령안을 만들고 왕에게 인준해 주기를 요청한다.
그들이 제안한 기도금지법은 오직 왕만이 최고의 존재이고, 왕 외에
는 기도의 대상이 되어서는 안 된다는 것이다. 왕을 절대화, 우상화하
는 정책이 제국의 관용주의 정신과 다름에도 다리오 왕은 거부하지
않는다. 이 법령으로 아마도 왕의 마음은 상기되었을 것이다. 그런데
왕은 법령의 효력을 30일로 제한한 것에는 의문을 제기하지 않는다.
왕은 법의 허점을 이용한 계략에 속은 것이다. 이것으로 다니엘을 향
한 구체적인 계략이 세워졌다.

황폐한 성소에 주의 얼굴빛을 비추소서!

다니엘의 기도와 고발 (10-18절)

금지 명령과 형벌

1. 오직 왕만이 우리가 의지할 대상이다.
2. 신이든지 사람이든지 왕 이외에게 기도하는 것을 금한다.
3. 명령을 어기는 자는 사자굴에 넣는다.
4. 이 금령은 향후 30일 간 유효하다.

메대 제국 다리오 왕

드디어 기도금지령이 발효되었다. 앞으로 30일 동안 왕 외에 어떤 존재에게도 기도할 수 없다. 법령을 어기면 사자 굴에 던져지게 된다. 다니엘은 이 소식을 듣고도 조금도 요동하지 않았다. 그는 평소대로 자기 집 윗방에서 기도한다.

> 다니엘이 이 조서에 왕의 도장이 찍힌 것을 알고도 자기 집에 돌아가서는 "윗방에 올라가 예루살렘으로 향한 창문을 열고" (윗방에 올라가) 전에 하던 대로 하루 세 번씩 무릎을 꿇고 기도하며 그의 하나님께 감사하였더라. 단 6:10

위의 본문은 다니엘이 도발적으로 기도한 것처럼 보일 수 있

6. 위기 시대에 찾아오는 하나님의 기적 (다니엘서 6장)

다. 이렇게 번역되어야 한다. "창문이 예루살렘을 향하여 열려 있는 윗방에 올라가 전에 하던 대로 하루 세 번씩 무릎을 꿇고 기도하며 그의 하나님께 감사하였더라".

다니엘의 기도는 일상의 연속이었고, 하루 세 번의 기도를 신앙의 마지노선으로 정했었다.[1] 자신의 신앙을 드러내려

> 다니엘의 행위는 흠집을 찾으려는 자들에게 공격의 빌미가 되었다. 그러한 일은 세상 속에서의 그리스도인들에게는 일상적인 일이다. 우리는 하나님께 순종하는 일 외에는 흠잡힐 것이 없이 살아야 한다.

고 의도하지 않았지만, 부끄럽게 숨기려고도 하지 않았다. 다니엘은 기도 행위로 왕의 권위에 도전하려는 의도는 결코 없었다. 오히려 기도를 통해 삶의 균형과 마음의 평안을 갖고 왕과 제국을 위해 더 충성을 할 수 있었다. 주변 사람들은 다니엘의 신앙을 알기 때문에 30일만 참으라고 권고했을 것이다. 그런데 한 번의 양보는 신앙 전체를 내줄 수 밖에 없게 된다. 다니엘의 행위는 흠집을 찾으려는 자들에게 공격의 빌미가 되었다. 그러한 일은 세상 속에서의 그리스도인에게는 일상적인 일이다. 우리는 하나님께 순종하는 일 외에는 흠잡힐 것 없이 살아야 한다. 하나님은 그런 자들을 지키실 것이다.

드디어 음모자들은 다니엘의 기도를 왕에게 보고한다. 그리고 왕에게 묻는다:

왕께서는 앞으로 삼십일 동안 누구도 왕 외에 다른 신이나 인간에게 기

---

1   하루에 세 번씩 기도하는 관습은 시편에도 나타난다 (시 55:17).

도를 올려서는 안된다고 하지 않으셨습니까? 그렇게 하다가 적발되는 자는 누구든지 사자 굴속에 던져질 것이라고 하지 않으셨습니까? ^{메시지}

성경, 단 6:12

    음모자들은 왕에게 기도금지령은 "메대와 바사의 고치지 못하는 규례"임을 확인시키고, 다니엘이 그 법을 어겼다고 고발한다. 그들은 다니엘을 "붙잡혀 온 유다 자손"이라고 불렀다. 이는 제국의 관용정책과는 상반된 것으로, 다니엘을 업신여기는 마음이 담겨 있다. 음모자들의 보고에 왕은 놀랐을 것이다. 왕이 그 금령을 인준할 때는 예상하지 못했던 일이었다. 왕은 이제야 그 금령이 다니엘을 향한 계략이었음을 깨닫는다. 다리오 왕은 포로들의 자국의 신 숭배를 금하지 않았지만, 자신이 인준한 새 법령이었기에 다니엘에게 사자굴 형벌을 내려야 한다. 평상시 다리오 왕은 다니엘을 포로라고 차별하거나 불공정하게 대하지 않았다. 다니엘의 종교도 인정했다. 오히려 다니엘의 진정성 있는 충성심에 어떤 이들보다 제국과 왕을 이롭게 할 자로 여겼다. 왕에게 다니엘은 그런 자였기 때문에 사자굴 형벌은 너무도 안타까운 일이었다. 그러나 다른 대안은 없었다.

6. 위기 시대에 찾아오는 하나님의 기적 (다니엘서 6장)

다니엘이 던져진 사자굴에서 살아나다 (19-28절)

석양이 지고 드디어 다니엘이 사자 굴에 던져질 때가 되었다. 왕은 자신의 금령에 따라 처형 명령을 내리지만 다니엘이 구원되기를 바랐다. 3장에서는 다니엘의 세 친구가 "그렇게 하지 아니하실지라도"라는 신앙고백을 했다. 이번에는 다리오 왕이 위기에 있는 다니엘을 향해 고백한다: "충성을 다한 그대의 하나님이 그대를 구해주실 것이오!". 그의 유일한 방법은 하나님께 기도하는 것뿐이었다. 왕의 명령에 따라 다니엘은 사자 굴에 던져지고 돌이 봉해진다. 다니엘을 사자굴에서 빼 올 가능성이 조금도 없다는 것이 굴에 찍힌 왕과 귀족들의 도장으로 표현된다. 십자가에서 죽은 예수의 시체를 무덤의 돌에 인봉한 것과 같다^{마 27:65-66}.

　　하나님의 도움 없이는 무덤 문을 열지 못하는 것처럼, 하나님 외에는 아무도 다니엘을 구원할 수 없다. 신하들의 음모에 넘어간 왕의 마음은 이렇게 표현된다. "잠도 이루지 못하고 아무것도 먹지 않고 뜬눈으로 밤을 새웠다"^{단 6:17}. 왕은 속히 아침이 오기를 기다린 것이다. 날이 새면 법을 바꿔서라도 다니엘을 구하겠다 다짐하지만, 그가 죽으면 소용이 없는 일이다. 그런데 어떻게 왕은 다니엘이 사자 굴에서 구원받을지도 모른다고 생각한 것일까? 유대인들을 향해 하나님의 기적 이야기를 들었을지도 모른다. 걱정과 불안의 밤은 너무도 느리게 흐른다. 아침이 되자 왕은 급히 사자 굴을 찾고 애통하는 마음으

로 소리를 지른다: "살아 계시는 하나님의 종 다니엘아! 네가 항상 섬기는 네 하나님이 사자들에게서 능히 너를 구원하셨느냐?"단 6:20. 놀랍게도 사자 굴에서 다니엘의 밝은 목소리가 들려 온다.

> 왕이시여. 만수무강하시기를 빕니다! 저의 하나님께서 천사를 보내시고 사자들의 입을 막으셔서, 사자들이 저를 해치지 못하게 하셨습니다. 하나님 앞에서, 그리고 왕 앞에서 제가 결백하다는 사실이 입증되었습니다. 저는 결코 왕을 해하려고 한 적이 없습니다. 메시지 성경, 단 6:21-22

다니엘의 고백은 무슨 뜻인가? 만약 자신에게 죄가 있다면 사자들에게 죽었을 것인데, 생존한 것으로 무죄가 증명되었다는 말이다. 다니엘이 무죄하기에 하나님께서 악한 음모를 막고 의로운 자를 살리셨다는 것이다. 다니엘은 계속해서 왜 자신이 무죄인지 말한다. 메대 제국

다니엘의 기도는 제국을 위해 더 충성스럽게 일할 수 있게 하는 동력이었다. 그러하기에 다니엘을 사자 굴에 던지게 한 것은 오히려 왕에게 손해를 끼치게 한 것이 된다.

의 관리 평가 기준은 "왕을 이롭게 하는가?"이다단 6:2. 다니엘의 기도는 제국을 위해 더 충성스럽게 일할 수 있게 하는 동력이었다. 그러하기에 다니엘을 사자 굴에 던지게 한 것은 오히려 왕에게 손해를 끼치게 한 것이 된다. 다니엘은 불의한 금령에 뜻을 굽히지 않음으로써 왕을 이롭게 하였으며, 하나님의 기적적인 구원이 자신의 태도를 옳다고 입증하셨다는 것이다. 다니엘을 향한 다리오의 호의가 음모자들에 의해 위기를 맞았지만, 하나님의 기적으로 전화위복이 되었다.

고대 바벨론 관습에 따르면 죄인이 형을 받고 밤을 보내고도 생존해 있으면 면죄되었다. 왕이 기쁜 마음으로 다니엘을 살펴보니 상한 곳이 조금도 없었다. 왕은 이제 자신과 다니엘을 올무에 빠뜨린 음모자들을 처벌한다. 음모자들과 그들의 처자들을 사자 굴에 넣었더니 "그들이 굴 바닥에 닿기도 전에 사자들이 곧 그들을 움켜서 그 뼈까지 부서뜨렸다" 단 6:24. 다니엘을 향한 칼이 자신들을 찌르게 된것이다. 에스더에서도 동일한 이야기가 나온다. 바로 하만의 처형이다. 그 일은 나그네를 향한 제 국민들에게 주는 경고가 된다. 즉 하나님의 사람들을 이유 없이 핍박하는 자들은 죽음에 이르게 된다는 교훈이다. 복수를 합리화하려는 것이 아니라, 하나님의 백성들을 보호하시려는 메시지이다. 제 국민들이 하나님의 백성을 존중하지 않고 무고하게 공격하면 어떤 결과가 올지를 깨닫게 한다.

사건이 종결된 후 다리오 왕은 모든 백성들에게 조서를 내린다. 그리고 다니엘의 사자 굴을 경험으로 깨달은 하나님에 대해 고백한다.

내 나라에 사는 모든 백성은 다니엘의 하나님을 예배하고 경외해야 한다. 그분은 살아계신 하나님이시요. 영원히 다스리신다. 그분의 나라는 쇠하지 않는다. 그분의 통치는 영원하다. 그분은 구원자이시며 구조자이시다. 그분은 하늘과 땅에서 실로 놀라운 기적을 행하시는 분이다. 그분이 다니엘을 사자들의 입에서 구해주셨다. 단 6:26-27

이것은 다니엘서에 나오는 이방 왕 중에서 하나님에 대한 최고의 고백이다. 다리오 왕이 하나님을 구원자요, 구조자요, 하늘과 땅에서 놀라운 기적을 행하신 분이라고 고백한 이유는 다니엘을 통해 하나님의 능력을 직접 목격했기 때문이다.

포로 시대와 팬데믹 시대:
위기 시대에 찾아오는 하나님의 기적

———

세상이 만만치 않은 것은 세상의 호의에도 불구하고 신앙인들을 넘어뜨리려는 세력 때문에 위기가 찾아온다는 것이다. 다리오 왕은 유대의 신인 여호와 하나님을 호의적으로 대하고, 그 분의 백성들을 적대하지 않았다. 그런데도 왕은 신하들이 만든 음모에 넘어가서 다니엘을 사자 굴에 넣을 수밖에 없었다. 신하들의 음모에 무력감에 빠졌던 왕은 다니엘이 구원받음으로 전화위복을 한다. 하나님의 기적을 경험하고서 음모자들을 처형하고 하나님을 향해 고백한다. 디아스포라들이 이방 땅에서 생존하게 하는 것은 왕의 호의 때문이 아니라, 살아계신 하나님의 기적과 돌보심 때문이다. 하나님이 당신의 백성들을 보호하는 방식은 대적들이 놓은 올무를 그들에게 되돌려줌으로써 하나님을 두렵게 만드는 것이다. 이것은 이방인을 향한 경고이면서 동시에 하나님의 백성을 향한 보호이다.

그렇다면 그리스도인을 향한 호의와 적대감이 공존하는 팬데믹 시대에 지혜로운 그리스인의 자세는 무엇인가? 세상은 기독교가 중요시하는 신앙 전통에는 관심이 없다. 세상이 찾는 것은 그들과 소통할 수 있는 기독교인들의 탁월함과 흠 없음이다. 다니엘은 왕이 기대하는 탁월함으로 호의를 얻었고, 흠 없는 삶으로 대적들의 음모에서 살아남았다. 우리도 세상 욕심에 눈멀어 탐욕을 위해 진리를 팔지 말아야 하며, 세상을 섬기고 헌신하되 하나님의 이름을 드러내는 삶을 살아야 한다. 신앙의 마지노선을 포기하지 않고, 하나님께 순종함으로 위기를 건너가야 한다. 오직 하나님의 손 안에 있는 하나님의 기적만이 세상 속에서 신앙인들의 삶을 보호한다. 하나님의 기적은 우는 사자와 같은 악한 세력들에게서 당신의 백성을 지키시고 보호하신다. 동시에 사자 굴의 기적을 목격한 다리오를 신실한 신앙인들의 후견자로 만들었다. 우리도 하나님의 기적을 기대하며 흠 없이 살면서 사랑으로 세상을 섬기고 헌신해야 한다. 그렇게 이방 땅에서 다니엘의 포로살이는 계속되었다. 그는 아직 오지 않은 포로의 끝만 바라며 모든 삶을 미래로 유보하지 않는다. 그리고 끝까지 그 땅의 삶을 가치 있게 여기면서 흠 없음과 탁월함, 그리고 악에 대한 담대함과 하나님의 기적을 기대하면서 신앙의 여정을 걸어갔다.

1 포로라는 신분에도 불구하고 다니엘이 왕의 신임을 받고 총리 자리에 오른 이유는 무엇인가?

2 왕의 신하들은 왕이 원하지 않음에도 불구하고 어떻게 다니엘을 사자굴에 넣을 수 있었는가?

3 다리오 왕이 위기 가운데 다니엘을 위하여 한 행동과 하나님을 향한 고백을 볼 때 기독교인들이 세상의 권력자와 어떤 관계를 맺어야 할지를 생각해 보자.

4 호의적이지 않은 세상에서 왕을 위하여 충성하면서도 음모 속에서도 기도를 포기하지 않은 다니엘의 삶에서 배울 것은 무엇인가?

5 세상에서 디아스포라로 살아가는 신앙인들에게 하나님의 기적은 어떤 역할을 하는가?

〈다니엘서의 네 짐승 환상〉 귀스타브 도레 (Gustav Dore, 1832-1883)

7

묵시의 시대
(다니엘서 7장)

안티오쿠스 왕은 예루살렘으로 쳐들어가서 성전 깊숙이 감추인 보물들을 찾아내는 대로 모두 약탈하였다. 왕은 그 도시를 습격하여 큰 타격을 주고 이스라엘 백성을 무수히 죽였다. 불을 지르고 가옥들과 사면의 성벽을 파괴하고 아녀자들을 포로로 삼고 가축을 빼앗았다. 성소가 원수들 손에 더럽혀지고, 축제일은 통곡의 날로 변하고, 안식일은 웃음거리가 되고, 명예스러웠던 것은 오히려 조롱거리가 되었다. 마카베오상 1:20-40

묵시의 시대가 도래했다. 주전 2세기 그리스 안티오쿠스 4세는 성소 훼파, 무자비한 억압, 강간과 살인, 생존을 위협하는 경제적 착취를 통해 이스라엘 백성들을 공포에 떨게 했다. 주전 6세기에 시작된 포로의 충격은 귀환으로 끝났지만, 이스라엘 백성들은 더 잔인해진 제국의 강탈로 인하여 막다른 절벽으로 내몰린 것이다. 유다 백성들은 시편과 욥기에서 체득한 믿음의 인내마저 한계에 도달했다. 제국이 초래한 혼돈의 세력 한복판에서 자신들을 구원할 존재가 역사 안에 존재하지 않음을 깨달았다. 하나님의 거룩한 백성들이 직면한 역사의 종말 앞에서 천상의 존재는 새롭게 시작될 묵시의 시대를 선포한다.

"역사의 종말이 다가왔다. 믿음으로 핍박을 견뎌라." 이것이 7장의 중요한 주제이다. 7장의 예언을 듣는 이스라엘 백성들은 바벨론에서 70년 포로를 마치고 가나안 땅에 귀환했다. 그러나 포로기가 끝나기는 커녕 점증하는 제국의 폭력과 압제로 시달린다. 이 현실 속에서 공간적으로는 땅을 넘어서 하늘을 바라보고, 시간적으로는 의로우신 하나님이 이루실 역사의 종말을 기대하는 묵시적 신앙에 이르게 된다. 극심한 핍박 속의 교회 공동체는 고난으로부터 구원하실 "인자 같은 이"를 기다리고 있다. "인자 같은 이"란 천상의 존재이며 하늘에서 구름을 타고 와서 제국을 심판하고 영원한 하나님 나라를 다스릴 권세를 받을 자이다. 다윗처럼 정의와 공의로 통치할 분이다. 이렇게 "인자 같은 이"에 대한 기대는 현재를 역사의 마지막 시대로 보는 의식에서 비롯되었다. 핍박받는 백성들을 향한 "인자 같은 이"의 도래와 종말을 예언한 다니엘서 7장을 살펴보자.

묵시문학으로 이루어진 다니엘서 7장

다니엘서는 1-6장은 이야기체이고, 7장부터는 묵시문학으로 구성되어 있다. 묵시묵학은 상징적이고 초월적인 언어로 기록되어 있다. 다니엘서 7장은 세 가지 중요한 요소들로 이루어져 있다.

1	계시의 형식	환상과 해석
2	계시의 내용	종말이 임박했다
3	메시지	믿음으로 종말을 기다려라

첫째, 계시의 형식은 환상과 해석이다. '꿈'과 '환상'이 모두 하나님의 계시이지만, 묵시문학의 7-12장 중에서 7:1-2절 외에는 모두 '환상'으로 표현된다. 다니엘의 권위는 하나님으로부터 직접 환상을 받은 구약 예언자들의 권위에 비견된다. 다니엘은 직접 환상을 받았으나[1] 해석을 못해 번민했고,[2] 마침내 천사의 도움으로 해석하게 된다.[3] 1절은 다니엘이 환상을 받은 이야기이고, 28절은 환상과 해석에 대한 다니엘의 반응이다. 나머지 2-27절은 환상과 해석으로 이루어진다.

본 문	주 요 내 용
1차 환상 (7:2-14)	네 짐승과 작은 뿔, 넷째 짐승의 심판과 인자 같은 이
1차 환상의 해석 (7:15-18)	네 왕들, 성도들, 하나님 나라
2차 환상 (7:19-22)	넷째 짐승과 작은 뿔, 성도들
2차 환상의 해석 (7:23-27)	넷째 짐승과 작은 뿔, 성도들, 심판과 하나님 나라

둘째, 계시의 내용은 현재가 역사의 마지막이며, 종말이 임박한 때라는 것이다. 그들을 위협하는 제국은 네 나라 중 마지막 나라이며,

---

1   "내가 밤에 환상을 보았는데"(단 1:2, 7, 9, 13, 21).
2   환상을 받은 다니엘의 반응은 다음과 같았다. "중심에 근심하며 내 머리 속의 환상이 나를 번민하게 한지라"(단 7:15); "나 다니엘은 중심에 번민하였으며 내 얼굴빛이 변하였다."(단 7:28).
3   다니엘은 "모셔 선자"라고 표현된 천사의 도움을 받는다. "내가 그 곁에 모셔 선 자들 중 하나에게 나아가서 이 모든 일의 진상을 물으매 그가 내게 말하여 그 일의 해석을 알려 주며 이르되"(단 7:16); "모신 자가 이처럼 이르되"(단 7:23).

왕은 임박한 종말의 마지막 통치자다. 하나님은 네 번째 나라의 마지막 시대에 심판자로 오셔서 왕과 제국을 멸하시고 하나님 나라를 세우신다. 역사의 종말과 함께 하나님 나라의 통치자로 "인자 같은 이"가 등장한다.

셋째, 계시의 메시지는 믿음으로 종말을 기다리라는 것이다. 백성들은 주전 6세기 다니엘이 예언한 환상과 해석을 듣고서 하나님의 시각으로 현재부터 종말까지의 역사를 볼 수 있게 되었다. 지금은 극심한 핍박을 받지만, 3년 반의 정해진 기간을 견디면 포로의 끝이 올 것이다. 그리스 제국과 안티오쿠스 왕은 멸망할 것이기 때문이다. 그때 하나님 나라가 임하고, "인자 같은 이"가 오셔서 통치하시고, 성도들은 그와 함께 살아가게 될 것이다.

네 짐승들 (1-7, 15-18절)

하나님이 다니엘에게 처음으로 보여준 환상은 바다에서 나온 네 짐승에 관한 것이다. 이 짐승들은 혼돈을 상징하는 세력으로서 하나님이 창조하신 세상을 위협하는 존재들이며단 7:2-8, 하나님의 창조 사역은 이 혼돈의 세력으로부터의 승리를 의미한다단 7:9-14. 혼돈의 세력들은 역사에 등장했던 제국들로서 하나님을 대항하며, 하나님의 백성들을 위협하는 존재들로 다음과 같이 연속적으로 나타난다.

짐승의 순서	짐승의 이름	상 징
첫째 짐승	사 자	바벨론
둘째 짐승	곰	메 대
셋째 짐승	표 범	바 사
넷째 짐승	무섭고 놀라우며 강한 짐승	그리스

제국의 역사에서 넷째 짐승은 멸망이 임박한 마지막 나라를 상징하며, 다른 세 짐승은 그 이전에 있었던 바벨론, 메대, 바사를 상징한다. 첫째는 독수리 날개를 가진 사자로서 바벨론을 상징한다.[4] 둘째는 곰으로 표현된 메대를 가리킨다.[5] 셋째는 새의 날개 넷과 머리 넷을 가진 표범 같은 동물이다.[6] 독자들이 가장 궁금해하는 넷째는 무섭고 놀라우며 강한 짐승을 상징하는 그리스이다.[7]

다니엘은 천사의 도움을 받아 환상의 의미를 깨닫는데, 네 큰 짐승은 네 왕을 뜻한다. 다니엘서에서 왕과 나라는 긴밀히 연결되어

[4] 사람의 마음을 갖는다는 표현을 통하여 교만하여 심판을 받고 회복된 느부갓네살 왕을 암시하면서, 또한 날개가 뽑히고 사람처럼 두 발로 서게 함을 입었다는 표현을 통해 바벨론의 멸망을 예상하게 한다.

[5] 몸 한 쪽을 들었다는 표현은 균형이 잡히지 않은 불균형의 상태를 통해 임박한 재앙을 상징한다. 입의 잇 사이에 세 갈빗대를 물고서도 많은 고기를 먹으라고 하는 것은 이미 많은 나라들을 정복하고도 탐욕에 차서 욕심을 부리는 것이다.

[6] 표범의 등에 있는 새의 네 날개는 신속한 속도를 내는 것을 의미하고, 네 머리는 원하는 방향으로 움직일 수 있는 능력을 가진 나라임을 보여준다. 이 나라의 권세는 잠정적으로 행하는 능력이다.

[7] 또한 넷째 나라는 이전의 모든 짐승과 달리 무섭고 놀라우며, 매우 강하고, 또 쇠로 된 큰 이가 있어서 먹고 부서뜨리고 그 나머지를 발로 밟는다. 또한 넷째 나라에는 열뿔이 있다. 특히 안티오쿠스 4세를 뜻하는 작은 뿔에 의하여 뿌리 뽑힌 세 뿔은 역사적으로 셀류쿠스 4세와 그의 두 아들인 데메트리우스(Demetrius)와 어린 안티오쿠스(Antiochus) 4세로 여겨진다.

있다. 아람어로 왕은 '밀킨'이고, 나라는 '밀쿳'인데, 2장에서 왕과 나라를 연결한 것처럼[단 3:39] 7장에서도 동일하다. 네 왕이라고 할 때 한 나라의 연속되는 왕들이 아니라, 서로 다른 제국을 대표하는 왕을 의미한다.

작은 뿔과 성도들 (19-22절)

하나님의 백성들을 박해하는 넷째 나라의 작은 뿔에 대한 계시를 보여준다.[8] 박해의 현실을 설명하기 위해서 작은 뿔이 누구이며, 그가 어떻게 성도들을 핍박하며, 그의 핍박으로부터 성도들이 어떻게 승리하는지를 보여준다.

첫째로, 작은 뿔은 누구인가? 작은 뿔은 네 번째 나라의 마지막 왕인 안티오쿠스 4세를 가리킨다. 넷째 나라인 그리스에서 안티오쿠스 4세 이전에 세 왕이 등장하여 사라진다: "첫 번째 뿔 중의 셋이 그 앞에서 뿌리까지 뽑혔으며"[단 7:8, 20, 24]. 안티오쿠스 4세에 의하여 뿌리 뽑힌 세 왕은 역사적으로 셀류쿠스 4세와 그의 두 아들인 데메트리우스Demetrius, 그리고 어린 안티오쿠스Antiochus라고 여겨진다. 작은 뿔은

---

8   작은 뿔을 위한 배경 설명은 다음과 같다. 넷째 짐승은 넷째 나라로서 온 천하를 삼키고 밟아 부서뜨릴 것이고, 머리의 열 뿔은 넷째 나라에서 즉위할 열 왕이다. 이제 열 뿔 이외에 또 다른 뿔은 그리스의 안티오쿠스 4세를 가리키는 열한 번째 왕으로서 그는 세 왕을 복종시킬 것이다.

곧 셀류쿠스 4세를 죽이고 그의 아들들을 자기대신 볼모로 로마로 보낸 안티오쿠스 4세를 가리킨다. 또한 작은 뿔의 특징은 사람의 눈과 큰 말을 하는 입이 있는 것이다단 7:8, 20, 25. 이는 곧 "지극히 높으신 이를 말로 대적하는" 자를 말하는데, 안티오쿠스 4세는 자신을 현현顯現한 신Theos Epiphanes이라고 부름으로 신성모독을 자행한다.[9]

둘째로, 작은 뿔이 죽기 전에 세 때 반 동안 행할 일은 세 가지로 표현된다단 7:25. 먼저 안티오쿠스 4세가 성도들을 핍박할 것인데, 이 내용은 마카비서에서 상세히 언급된다: "안티오쿠스 4세는 대군을 이끌고 예루살렘으로 가서 거짓 평화 선전을 하여 그들을 안심시켰다. 그리고는 별안간 그 도시를 습격하여 큰 타격을 주고 이스라엘 백성을 무수히 죽였다. 그는 그 도시를 약탈한 다음, 불을 지르고 가옥들과 사면의 성벽을 파괴하고 아녀자들을 포로로 삼고 가축을 빼앗았다"마카비상 1:29-32. 또한 때와 법을 고친다고 말할 때, 때를 고친다는 말은 태음력을 태양력으로 바꾸어 유대 절기의 날짜를 바꾸거나 안식일과 기타 절기를 지키지 못하도록 하는 것이다마카비상 1:45.[10] 법을 고친다는 말은 곧 할례를 비롯한 모든 관습법을 없애려는 시도를 말한다마카비상 1:48. 때와 계절을 바꿀 수 있는 분은 오직 하나님뿐이다단 2:21. 나아가서 이제 안티오쿠스 4세가 성도들을 핍박할 수 있는 기한은 한 때, 두 때, 반 때이다. 이 본문만 가지고는 정확한 의미를 알 수 없지만, 뒤에 나타나는 유사한 표현들로 미루어 3년 반이라는 기간으로 여긴다

---

9   Seow, 105-106.
10   Seow, 111.

셋째로, 성도들은 작을 뿔로부터 어떻게 승리하는가? 천사는 성도들의 승리를 다음과 같이 말한다: "지극히 높으신 이의 성도들이 나라를 얻으리니 그 누림이 영원하고 영원하고 영원하리라"단 7:18. "내가 본즉 이 뿔이 성도들과 더불어 싸워 그들에게 이겼더니 옛적부터 항상 계신 이가 와서 지극히 높으신 이의 성도들을 위하여 원한을 풀어 주셨고 때가 이르매 성도들이 나라를 얻었더라"단 7:21-22. "그러나 심판이 시작되면 그는 권세를 빼앗기고 완전히 멸망할 것이요"단 7:26. 세 본문들이 말하는 것은 작은 뿔이 성도들에게 일시적으로 승리하고 성도들을 핍박하는 기간이 있지만, 때가 되면 안티오쿠스 4세는 하나님의 심판을 통하여 권세를 빼앗기고 완전히 멸망할 것이며, 마침내 하나님이 성도들을 구원하시고 성도들이 나라를 얻게 될 것이라는 것이다.

넷째 짐승의 심판 (23-26절)

마지막 나라인 넷째 짐승이 하나님의 심판대에서 멸망될 날이 임박하

---

11 Seow, 112. Paul L. Redditt, *Daniel* (The New Century Bible Commentary. Sheffield: Sheffield Press, 1999), 131.

였다.[12]

> 9 내가 보니 왕좌가 놓이고 옛적부터 항상 계신 이가 좌정하셨는데 그의
> 옷은 희기가 눈 같고 그의 머리털은 깨끗한 양의 털 같고 그의 보좌는 불
> 꽃이요 그의 바퀴는 타오르는 불이며 10 불이 강처럼 흘러 그의 앞에서
> 나오며 그를 섬기는 자는 천천이요 그 앞에서 모셔 선 자는 만만이며 심
> 판을 베푸는데 책들이 펴 놓였더라. 단 7:9-10

이 보좌 환상에는 왕좌 =보좌, 옛적부터 항상 계신 이, 하나님 곁
에 서 있는 천사들, 그리고 심판대와 심판의 기준이 되는 책이 등장한
다. 먼저 "보좌"에는 "옛적부터 항상 계신 이"[13]가 앉으시는데, 이 단
어를 복수로 사용함으로써 "인자 같은 이"의 자리를 예비한다 단 7:13-14;
계 5:13. 심판자인 하나님을 서술할 때 "여호와"보다 "옛적부터 항상 계
신 이"라는 표현과 함께 다양한 형용사가 사용된다.[14]

하나님의 심판 기준은 "펴 놓인" 책이다.[15] 심판은 땅에서 이루
어질 일들이 이미 하늘에서 이루어진 형식인 맨티시즘manticism으로 나

---

12 구약성경에서 보좌환상이 나타나는 구절은 다음과 같다. 열왕기상 22:19-23, 이사야서 6장, 에스
   겔서 1-3장, 에녹서 14장.
13 이 보좌는 하나님이 심판하는 자리이다(사 6:1-13; 욥 1:6; 왕상 22:19; 시 82편),
14 "옛적부터 항상 계신 이"라는 표현은 영원부터 지금까지 오래되신 분이라는 말이다(시 90:2; 93:2;
   시 102:27-28; 욥 36:26). 그의 옷이 눈같이 희다는 말은 더할 나위 없이 정결하고 죄 없는 상태임
   을 보여준다(사 1:18; 시 51:7). "머리털이 깨끗한 양의 털과 같이 희다"는 것은 특히 백발의 흰 노
   인처럼 오래전부터 존재하시는 것을 드러낸다. 보좌는 불꽃이요, 그의 바퀴가 타오르는 불, 그리
   고 불이 강처럼 흘러 그의 앞에서 나온다는 것은 전형적인 하나님의 임재를 보여준다(창 15:17;
   출 3:2-4; 19:18; 14:24; 40:34-38). 이 보좌에 있는 바퀴는 하나님이 자유롭게 이동하실 수 있는
   분이심을 보여준다. 천사를 상징하는 자들인 하나님을 섬기는 자는 천천이요, 그 앞에서 모셔 선
   자는 만만이라고 하였다(10절)(계 5:11; 히 12:22).
15 단 7:10; 계 20:4, 12.

타난다 단 7:11-12. 다니엘이 목격한 것은 바로 하늘에서 일어나고 있다. 심판을 위해 하나님이 보좌에 앉으시고, 네 번째 짐승은 죽임을 당하고 다른 짐승들은 권세를 빼앗기고 때를 기다린다.[16] 하나님이 왕권을 인자에게 부여함으로 영원한 하나님의 나라가 시작된다. 이 환상을 보는 자들은 맨티시즘의 원리에 따라 하늘에서 이루어진 그대로 땅에서도 이루어질 것을 믿는다. 비록 땅에서 현재 마지막 짐승이 세력을 잡고 있지만, 이미 하늘에서 이루어진 대로 땅에서도 작은 뿔과 함께 네 번째 짐승이 죽임을 당하고, 인자가 다스리는 영원한 나라가 도래할 것이다.

역사의 종말에 이루어질 하나님 나라의 도래와 인자의 등장에 관한 환상은 다음과 같이 나타난다.

> ¹³ 내가 또 밤 환상 중에 보니 인자 같은 이가 하늘 구름을 타고 와서 옛적부터 항상 계신 이에게 나아가 그 앞으로 인도되매 ¹⁴ 그에게 권세와 영광과 나라를 주고 모든 백성과 나라들과 다른 언어를 말하는 모든 자들이 그를 섬기게 하였으니 그의 권세는 소멸되지 아니하는 영원한 권세요 그의 나라는 멸망하지 아니할 것이니라. 단 7:13-14

이 장면은 넷째 짐승의 멸망과 함께 시작될 역사의 종말을 보여준다. 마지막 나라인 그리스를 상징하는 짐승의 죽음 이후에 하나

---

16 또 본문은 네 번째 짐승 이전에 존재하던 세 짐승들의 운명에 대하여도 언급한다(12절). 세 짐승들도 권세를 빼앗겼지만 정한 기간 동안 생명이 보존된다. 마지막 심판 때인 정한 기간까지 악한 세력들이 전멸되지 않고 위협으로 항상 남아 있을 것이라는 말이다.

황폐한 성소에 주의 얼굴빛을 비추소서!

님 나라가 시작된다. 그 하나님 나라를 통치할 "인자 같은 이"가 등장한다. 본문에서 "인자 같은 이"가 누구인지는 문맥이 결정한다. "인자 같은 이"케바르 에나쉬라는 말은 고유명사가 아니라 관사 없는 일반명사로 사용되면서, 짐승 같은사자 같은, 표범 같은, 곰 같은이라는 단어와 대조를 이룬다. 짐승들이 받은 권세는 잠정적이지만 "인자"가 받은 권세는 영원한 권세다.

"인자 같은 이"는 하늘 구름을 타고 와서 "옛적부터 항상 계신 이"에게 나아가 그 앞으로 인도된다. "인자 같은 이"는 인간 다니엘과 구별되는 천상의 존재다. 그는 "권세와 영광과 나라"를 받고 "모든 백성과 나라들과 다른 언어를 말하는 자들"의 섬김을 받는다.[17] "인자 같은 이"가 누군가에 대해서는 하나님의 백성,[18] 천사,[19] 그리고 메시아라는 세 가지 이론이 있다. 기독교는 메시아적인 해석을 선택한다. 주후 1세기 문헌인 에녹의 비유에 나오는 인자는 다니엘서 7장에 근거하여 메시아로 여긴다제1에녹서 46:1-5; 48:3-7, 10; 52:4. 복음서

결론적으로 다니엘서 7장의 예언은 메시아에 관한 예언이다. 그 예언은 예수 안에서 성취되고, 예수는 하나님이 부여하신 권위로 교회에 관한 말씀과 종말에 관한 계시를 선포하신다.

---

17 인자의 기원에 대해서는 두 종류가 있다. 에녹1서에서는 인자가 땅에서 하늘로 구름을 타고 등장하지만, 다니엘서에서는 인자 같은 이가 하늘에서 등장한다.

18 첫째 이론은 인자를 하나님의 백성, 즉 집단적 인물로 보는 상징적인 해석이다. 이 이론의 근거는 인자 같은 이가 나라를 받고(단 7:14), 꿈의 해석에서 '지극히 높으신 이의 성도들'이 나라를 받는다(단 7:22, 27)는 서술 때문이다. J. A. Montgomery, *Daniel* (ICC; New York: Edinburgh, 1927), 317-24.

19 둘째 이론은 지극히 높으신 이의 성도를 천사로 해석하는 것이다(단 7:22, 27). 다니엘서에서 천사는 거룩한 자들이라고 불린다(8:13에서 두 번). 이 이론의 대표적인 학자는 콜린스(J. J. Collins)이다. J. J. Collins, "The Son of Man and the Saints of the Most in the Book of Daniel," *JBL* 93 (1974), 50-66; *Daniel* (1993), 304-10; L. Dequeker, "The 'Saints of the Most High' in Qumran and Daniel," *OtSt* 18 (1973): 108-187.

는 다니엘서 7:13-14에서 오실 자를 메시아로 해석한다[마 3:11; 8:29; 11:3; 요 1:30; 4:25]. 또한 요한계시록 저자는 다니엘서 7:13-14에 근거하여 구약에서 예언된 메시아적인 인물이 예수라고 이해한다[계 1:7, 13; 14:14].[20] 결론적으로 다니엘서 7장의 예언은 메시아에 관한 예언이다. 그 예언은 예수 안에서 성취되고, 예수는 하나님이 부여하신 권위로 교회에 관한 말씀과 종말에 관한 계시를 선포하신다.

인자 같은 이와 지극히 높으신 이의 성도들 (27절)

마지막으로 살펴볼 것은 "인자같은 이"와 "지극히 높으신 이의 성도들"과의 관계이다.[21] 환상에서는 나라를 받는 이가 "인자 같은 이"인데, 해석에서는 "지극히 높으신 이의 성도들"이다. "인자 같은 이"와 "지극히 높으신 이의 성도들"의 관계는 무엇인가? 유대교는 이 둘을 동일하다고 보고, 기독교는 서로 다르면서 일치unity를 이룬다고 본다.

"인자 같은 이"와 "지극히 높으신 이의 성도들"과의 관계는 무

---

20   요한계시록 1장 13절과 14장 14절은 다니엘서 7장 13절의 칠십인 역과 동일하게 "인자 같은 이"라는 표현을 사용한다.

21   원래 "거룩한 자"라는 말은 다니엘서 이외의 성경에서 천사를 지칭하는 말이었고 다니엘서에서도 거룩한 자라는 말을 천사로 사용하고 있다(단 4:10, 14, 20; 8:13). 그런데 7장 18절에서는 다니엘서의 다른 부분에서 천사라는 뜻으로 해석되는 "거룩한 자"라는 말을 비신화화(非神話化)되어 이스라엘의 백성을 가리키는 뜻으로 사용하고 있다.

엇인지 살펴보자.[22] 본문에서는 환상과 해석이 축자적으로 literally 일치하지 않는다. 환상과 해석에서 나라를 얻는 주체는 서로 다르다.

위치	나라를 얻는 주체
1차 환상	인자 같은 이 (7:13-14)
1차 환상의 해석	지극히 높으신 이의 성도들 (7:18)
2차 환상	지극히 높으신 이의 성도들 (7:21-22)
2차 환상의 해석	지극히 높으신 이의 성도들 (7:27)

1차 환상에서 "인자 같은 이"가 등장한다. 그는 "옛적부터 항상 계신 이"로부터 나라를 받아 통치자로 임명되고, 모든 백성의 섬김을 받는다. 그런데 1차 해석은 나라를 얻는 주체가 "인자 같은 이"가 아니라 "지극히 높으신 이의 성도들"이다. 이후 2차 환상과 해석에서는 나라를 받는 주체가 모두 "지극히 높으신 이의 성도들"이다. 1차 환상에서 사용된 인자전승 인자 같은 이에 따르면 네 번 째 짐승이 망하고 하나님의 심판이 완료된 후에 "인자 같은 이"가 등장하여 나라를 받는다. 그런데 1차 해석에서 이번에는 "지극히 높으신 이의 성도들"이[23] 영원한 나라를 받는다 단 7:18. "인자 같은 이"가 그 나라를 통치하고, 동시에 "지극히 높은 이의 성도들"도 나라를 다스릴 것이다 단 7:27b.

---

22 다니엘서 7장에서 원래 천사를 상징하던 "거룩한 자"가 이스라엘의 백성으로 해석되고, 나아가서 인자 같은 이도 이스라엘의 백성과 동일화되었다.

23 이 위기 가운데 백성들의 대표자보다는 전체로서의 백성을 강조하는 신명기 신학에 입각하여 지극히 높으신 이의 성도가 등장한다.

인자같은 이와 예수 그리스도

이처럼 "인자 같은 이"와 "지극히 높으신 이의 성도들"이 모두 나라를 다스리는 존재로 이해하는 것을 어떻게 설명할 수 있을까? 이 둘은 같은 존재가 아니라 일치 unity를 이룬다고 보아야 한다. 둘 중에 어느 하나가 제거되지 않고 조화롭게 존재한다는 사실에서 두 전승이 함께 있는 최

> 종말의 때에 이상적인 왕인 '메시아'가 나라를 받는 것은 왕의 백성이 받는 것과 다르지 않다. 왕과 백성은 운명공동체로서 하나님 나라에서 왕 노릇 할 것이다.

종 본문이 주는 의미를 찾아야 한다. 즉 7장의 최종 본문에서 마지막 나라의 멸망과 함께 하나님 나라가 임하며, 그 나라를 받는 자는 "인자 같은 이"와 "지극히 높으신 이의 성도들" 모두에 해당된다. 인자는 천상의 존재인 '메시아'로서 하나님의 백성을 통치할 것이다. 동시에 왕이 백성들과 자신을 동일화하는 전통에 따라, '인자'는 교회의 성도들과 동일시된다. 종말의 때에 이상적인 왕인 '메시아'가 나라를 받는 것은 왕의 백성이 받는 것과 다르지 않다. 왕과 백성은 운명공동체로서 하나님 나라에서 함께 왕 노릇 할 것이다. 그것은 신약에서 교회의 머리가 되신 '메시아' 예수 그리스도께서 마지막 날에 성도들의 왕이 되시며, 동시에 성도들은 그분의 통치 아래 나라를 유업으로 받는 것과 마찬가지이다.

하나님이 당신의 백성들에게 약속하신 인자 같은 이는 누구인

가? 포로기 이전에는 다윗의 후손들이 왕으로 통치했고, 이상적인 왕에 대한 기대는 메시아사상으로 발전되었으며, 그 연속선상에서 다니엘서 7장에서는 천상의 존재인 "인자 같은 이"가 통치자로 나타난다. "인자 같은 이"는 이스라엘을 핍박하는 네 번째 나라와 마지막 왕에 대한 심판을 수행하는 하나님의 대행인이다. "인자 같은 이"가 천상의 존재로서 "하늘 구름을 타고" 등장한다. 그는 "옛적부터 항상 계신 이"인 하나님 앞으로 인도되고 왕으로서 나라의 통치권을 이어받는다. 이렇게 7장의 관심은 그들을 통치하는 "인자 같은 이"에 대한 것이다. 이어서 "인자 같은 이"의 등장을 전제로 "지극히 높으신 이의 성도"가 나온다. 하나님은 핍박받는 공동체에 관하여 관심을 가지신다. 현재 그들은 안티오쿠스 4세에 의하여 핍박을 받고 있지만, 하나님은 마침내 제국과 왕에 대한 그들의 원한을 풀어주심으로 승리의 날을 주실 것이다. 그때까지 남겨진 기간이 3년 반이다. 고난의 끝은 오지만, 정해진 기간 만큼은 공동체가 견뎌야 할 시간이다.

다니엘서 7장에 담긴 종말 이야기는 단지 그리스와 안티오쿠스 4세의 멸망으로 끝나지 않고 이스라엘 백성들에게 역사의 종말에 관한 희망을 발전시켰다.[24] 주전 2세기의 백성들은 7장의 예언에서 그리스의 멸망, 안티오쿠스 4세의 죽음, 하나님 나라의 도래, 그리고 인자의 등장이 함께 일어날 것으로 기대하였다. 그러나 그리스의 멸망과 안티오쿠스 4세의 죽음은 이루어졌지만, 하나님 나라의 도래와 "인자 같은 이"의 등장으로 이어지는 역사의 종말은 오지 않았다. 그

24　배정훈, "구약성서와 신약성서의 관계: 다니엘서와 요한계시록을 중심으로," 『구약논단』 24권(통권 70) 4호 (2018년 12월 31일), 26-28.

리하여 7장에 나타난 역사의 종말에 대한 기대는 로마 시대로 이어졌다. 7장에서 종말에 나타나는 "인자 같은 이"에 대한 예언은 예수 그리스도의 초림으로 성취되었으며 동시에 역사적 종말이 시작되었다. 또한 "인자 같은 이"이신 예수께서 승천하신 이후에 역사의 종말을 완성할 예수 그리스도의 재림이 기대되었다. 결국 7장의 예언에 따라 종말이 성취되기를 기대하던 기독교는 '오신' 예수를 통해 하나님 나라의 현재를 누리면서, '오실' 예수께서 "인자 같은 이"로 구름 타고 심판자로 오실 재림의 날을 기다리고 있다. 이처럼 7장은 견디기 어려운 위기의 끝만이 아니라 궁극적으로 찾아올 역사의 종말에 대한 소망을 제공한다.

포로 시대와 팬데믹 시대: 예수께서 통치하시는 하나님 나라를 기다리며

—

묵시의 시대에 하나님의 백성들이 인자에 대한 소망으로 견딜 수 없는 핍박을 믿음으로 극복했다. 팬데믹 시대라는 예측하기 어려운 위험 속에 살아가는 신자들에게도 상황을 뛰어넘는 소망이 있다. 코로나는 페스트처럼 인류사를 바꿀 충격이지만 영원하지 않고 반드시 종식될 것이다. 코로나의 종식까지 하나님의 공동체 안에는 넘어지는 많은 성도들에게 돌봄이 필요하다. 코로나 시대에 빈부격차의

황폐한 성소에 주의 얼굴빛을 비추소서!

심화로 더 부유해지는 자들도 있고, 더 궁핍해지는 자들도 있다. 경제적으로 어려움을 겪는 자영업자들, 청년 세대들, 노인들, '코로나 블루'라는 정신적인 위기를 겪는 자들이 주변에 많다. 이 위기 속에서 우리의 소망은 다시 오실 예수 그리스도께서 이루실 하나님 나라에 대한 소망이다. 그분이 다스리시는 하나님 나라에서 참된 정의와 공의, 그리고 진정한 평화가 이루어질 것을 믿는다. 예수께서 불쌍히 여기는 자는 여전히 고난과 슬픔을 당하는 당신의 백성들이다. 하나님 나라에 동참하는 자들은 이들과 고통을 함께 나누고, 그들이 고통을 견딜 수 있도록 돕고 위로해야 할 사명이 있다. 그리스도인들은 상황을 분석하고 위기의식을 조장하며 사람들을 골방으로 숨게 만드는 자들이 아니다. 오히려 상황 너머에 계시는 하나님으로 인한 소망을 전하는 자들이다. 유대 광야에서 굶주린 오천명을 위해 풍성한 식탁을 베푸심으로 인생의 위기를 가장 아름다운 경험으로 바꾸셨던 주님의 사역에 동참하는 것이다. "너희가 먹을 것을 주라"는 명령에 순종하여 오병이어를 주님께 드렸던 제자들처럼 지친 자들을 위해 오병이어를 준비하는 자들을 통해서 하나님은 풍성한 식탁을 준비하실 것이다.

1 바다에서 나온 큰 짐승 넷의 특징과 운명을 말해보자.

2 넷째 짐승에서 나온 작은 뿔과 지극히 높으신 이의 성도들의 관계가 어떻게 발전하는가?

3 다니엘이 보좌환상을 통하여 본 것은 무엇인가?

4 인자 같은 이는 어떻게 등장하여 어떤 일을 하는가?

5 다니엘의 예언이 핍박을 받으며 "한 때 두 때 반 때"를 보내는 교회에게 어떤 위로가 되는가?

파루시아 Parousia

김 계 환

오소서, 크신 이여
오소서, 위엄의 권능이시여
땅은 노래하고
산들은 춤을 추나니

거룩한 걸음을 놓으시는 곳 마다
불같은 흔적을 남기시는 곳 마다
생명은 그 키를 더하고
영광은 타오르는 횃불 같나이다

두꺼운 구름을 거두시어 보이시니
아이들과 선지자가 즐거워 하나이다
눌린 자들에게 자유이며
억압하는 자들에게 재앙입니다

오소서, 영광이시여

오소서, 위대하신 이여

강은 물길을 밀어 길을 열고

바다는 높은 물 등으로 현현의 자리를 만드나니

성은 건축되어 돌보심을 기다리고

거룩한 곳에 모인 자들은 거룩함을 보리니

별보다 더 긴 생명을 노래하고

밤을 물리친 아침은 영원할 것입니다

기드온에 내리신 이여

아들의 강림을 허락 하신 이여

마지막으로 영광을 삼으시리니

오소서, 오소서!

Pre.

〈숫양과 염소의 환상〉 크리스토퍼 프로샤우어(Christoph Froschauer, 1564)

8

어느 때까지입니까?
(다니엘서 8장)

한 천사가 물었다. "매일 드리는 예배가 폐지되고 죄로 인해 참혹한 심판을 받으며, 하나님의 거룩한 백성과 성소가 유린되는 일이 언제까지 계속될 것입니까?"

다른 천사가 대답했다. "저녁과 아침으로 2,300번의 희생제가 드려진 다음에야 성소가 다시 세워질 것이다." 메시지 성경, 단 8:13-14

거룩한 백성과 성소가 유린되는 일이 언제까지 계속될 것입니까? "언제까지?"라는 말에는 탄식의 상황이 담겨있다.[1] 이 고통스러운 상황이 언제까지 계속될 것인지 안타깝게 묻는다. 그런데 이 탄식은 포로 가운데 있는 백성들의 탄식이 아니고, 다니엘의 탄식도 아니다. 다니엘을 위해 환상을 해석하는 천사의 탄식이다. 천사는 성전의 훼파에 대한 예언을 해석하다가 놀랐다. 천사의 역할은 환상 해석이기에 400년 후의 사건을 그대로 전달만 하면 된다. 그런데 처음 접하는 놀라운 예언 때문에 천사가 애통해하면서 질문한다.

---

1   유사한 장르의 시편과 이사야서를 살펴보면 천사의 심정을 이해하기 쉽다. 다음은 적들에 의하여 고통을 당하면서 하나님이 내려 오셔서 적들을 멸망하기를 기다리는 절실한 탄식시이다. "하나님이여 대적이 언제까지 비방하겠으며 원수가 주의 이름을 영원히 능욕하리이까. 주께서 어찌하여 주의 손 곧 주의 오른손을 거두시나이까 주의 품에서 손을 빼내시어 그들을 멸하소서"(시 74:9-10). 이사야는 나라의 멸망 소식을 듣고 다음과 같이 탄식한다. "내가 이르되 주여 어느 때까지니이까 하였더니 주께서 대답하시되 성읍들은 황폐하여 주민이 없으며 가옥들에는 사람이 없고 이 토지는 황폐하게 되며 여호와께서 사람들을 멀리 옮기셔서 이 땅 가운데에 황폐한 곳이 많을 때까지니라"(사 6:11-12). 이 구절에서 이사야는 유다의 멸망을 선포하라는 하나님의 명령 앞에 탄식한다. 이사야는 유다의 멸망이 돌이킬 수 없는 것임을 알고, 안타까운 마음으로 어느 때까지 심판이 계속될 것이냐고 묻자, 하나님은 기약 없는 철저한 황폐함 후에 회복이 이루어질 것을 말씀하신다.

언제까지 성소의 훼파가 계속될 것입니까?

이방인에 의하여 성소가 훼파되는 현실이 얼마나 오래 된다는 말입니까?

하나님의 이름이 모독을 당하는 일을 얼마나 더 견뎌야 합니까?

언제 우리는 하나님의 임재로 가득 찬 성소에서 예배를 드릴 수 있습니까?

　　다니엘은 자신이 죽기 전에 고국에 돌아갈 수 있을까를 고민하고 있었다. 그때 하나님은 400년 후 안티오쿠스 4세가 성전을 훼파할 것을 애통해하신다는 마음을 천사를 통해 전달하셨다. 천사가 깨달은 것은 매일 드리는 예배가 폐지되고, 죄로 인하여 참혹한 심판을 받으며 하나님의 거룩한 백성과 성소가 유린된다는 것이다. 주전 2세기에 안티오쿠스 4세는 하나님이 임재하시는 팔레스틴으로 진격하여 모든 제의를 담당하는 제사장들을 실추시켰다. 매일 드리는 제사를 금지하고, 지성소에 가증스러운 우상을 두고 섬기게 함으로써 성소를 더럽혔다. 이것에 대해 탄식하는 천사에게 다른 천사가 1,150일 후에 성소가 회복될 것이라는 희망을 남긴다. 하나님의 심판으로 성소 훼파의 끝이 오기 때문에 믿음으로 그 기간을 견디라는 말씀이다.

　　7장과 8장은 모두 세계사 속에서 제국의 흥망성쇠를 다루면서 역사상 가장 극악한 안티오쿠스 4세에게 초점을 맞춘다. 7장은 묵시의 시대를 열면서 천상의 존재인 '인자 같은 이'가 안티오쿠스 4세의 핍박으로부터 하나님의 백성을 어떻게 구원하실지를 보여준다. 8장에서도 제국의 흥망성쇠를 더 자세히 다룬 후에 다시 묵시의 눈으로

황폐한 성소에 주의 얼굴빛을 비추소서!

안티오쿠스 4세에게 초점을 맞춘다. 단지 강조점은 안티오쿠스 4세의 종교적인 죄악에 대한 것이다. 안티오쿠스 4세가 초래한 위기는 제사 제도의 파괴를 시작으로 성전 훼파에서 정점에 이른다. 하나님은 성소 훼파의 아픔을 전해 주시고, 당신의 처소였던 솔로몬 성전을 중심으로 한 포로기 이전의 잊혔던 전승을 기억하게 하셨다. 그래서 8장은 훼파된 지성소의 정결에서부터 시작되는 회복의 원리를 전해 준다.

제국들의 흥망성쇠 (1-8절)

8장에서 환상의 배경[1-2절]과 다니엘의 반응[27절]을 제외하면 나머지는 환상-천사의 등장-환상의 해석으로 이어지는 전형적인 묵시문학의 형식을 취한다. 다니엘이 환상을 본 때는 벨사살 왕 3년이다[1절]. 엘람 지방 수산 성은 바벨론과 페르시아 사이에 있으며, 페르시아 만에서 240km 떨어져 있다. 을래 강은 수산 성이 있는 강이다. 다니엘은 오랫동안 수산 성에 살다가 그곳에 묻혔다는 전승도 있다. 그가 수산 성에 있었지만, 환상을 본 것은 수산 성 을래 강변이었다.

제일 먼저 보여주는 것은 제국의 흥망성쇠이다. 7장에서 네 나라를 상징하는 네 짐승이 나왔다면, 8장에서는 두 짐승인 메대와 바사를 상징하는 숫양과 그리스를 상징하는 숫염소가 나온다.

왕국	다니엘서 2장	다니엘서 7장	다니엘서 8장
바벨론	금 머리	날개 달린 사자	
메데	은 가슴	곰	숫양의 뿔 1
바사	놋배	표범	숫양의 뿔 2
그리스	철 다리	네 번째 짐승	숫염소

7장과 다르게 8장은 메대, 바사, 그리스의 세 나라를 자세히 묘사한다. 먼저, 숫양의 위협은 메대와 바사의 정치적인 정복 경로로 잘 묘사된다. 사방을 향한 숫양의 공격을 당할 짐승이 없고, 그 손에서 구할 자도 없으며, 원하는 대로 행하며 숫양은 더 강해졌다. 그 다음 등장하는 그리스를 상징하는 숫염소가^{단 8:5} 메대와 바사를 무너뜨린다^{단 8:6-7}. 그리스는 발이 땅에 닿지 않을 정도로^{단 8:5} 신속히 영토를 확장하여 두로를 점령한다^{주전 333년}, 그리고 팔레스틴과 이집트를 침입하여^{주전 332년} 마침내 가우가멜라 전투에서 다리우스 3세를 정복한다^{주전 331년}. 그리스는 겉보기에 강대해져 갔지만, 무리한 동방원정으로 알렉산더 대왕의 사후^{주전 323년} 네 나라로 분열된다. 알렉산더의 이복형제 필립은 마케도니아, 안티고누스는 소아시아, 셀류쿠스 1세는 시리아와 바벨론, 그리고 프톨레미 1세는 이집트를 다스렸다.

작은 뿔의 환상 (9–12절)

알렉산더 왕의 사후에 그리스는 네 나라로 나뉘고, 마침내 숫염소의 작은 뿔인 헬라 왕 안티오쿠스 4세에게 이른다. 7장과 달리, 8장은 안티오쿠스 4세의 종교적인 죄에 관심을 갖는다. 알렉산더 왕을 상징하는 큰 뿔과 대조적으로, 안티오쿠스 4세는 작은 뿔로 불린다^{9절}. 8장이 말하는 안티오쿠스 4세의 죄는 5장의 벨사살 왕의 죄와 동일한 신성모독 죄이다. 안티오쿠스 4세의 죄는 거룩한 땅인 팔레스틴을 침범함으로 시작된다. 그는 남쪽으로 이집트를 침략하고^{마카비상 1:16-19, 2}, 동쪽으로는 파르티아에 대항하며^{마카비상 3:27-37}, 마침내 하나님의 성전이 있는 팔레스틴 땅, 영화로운 땅에 이르렀다^{단 11:16, 41}.

계속해서 안티오쿠스 4세는 제사장을 비롯한 제사제도를 더럽히고 마침내 성소 훼파에 이르게 된다. 첫 번째 그는 "별들 곧 천상 군대에 미칠만큼 높아지더니 별 가운데 얼마를 땅에 떨어뜨리고는 마구 짓밟았다"^{단 8:10}. 자신을 나타난 신^{안티오쿠스 에피파네스}으로 여기고 하나님을 대적할 만큼 교만했다. 하늘의 일을 맡은 제사장의 상징인 별을 떨어뜨린 것은 제사장직을 돈으로 사고팔며 임의로 임명함으로써 제사장

---

2 "안티오쿠스는 자기 왕국을 튼튼히 세우고는 이집트 땅에까지 손을 뻗쳐 두 왕국을 함께 지배하려는 야심을 품었다. 그는 대군을 거느리고 병거, 코끼리, 기병, 큰 함대를 앞세워 이집트로 쳐들어가서 이집트 왕 프톨레매오를 공격하였다. 프톨레매오는 많은 사상자를 내고 도망쳐 버렸다. 안티오쿠스는 이집트의 여러 요새 도시들을 점령하고 많은 전리품을 빼앗았다"(마카비상 3:16-19).

의 권위를 실추시켰다는 말이다. 안티오쿠스는 심지어 스스로 높아져서 천상 통수권자이신 하나님의 권세까지 도전했다. 이 용어는 벨사살 왕이 하나님을 대적하는 신성모독의 죄를 범할 때 사용된 용어이다: "왕께서는 감히 하늘의 주께 도전하셨습니다"^{단 5:23}. 그 결과로 매일 드리는 예배를 폐하고 성소를 더럽히기까지 했다^{단 8:11}. 또한 하나님의 거룩한 백성도 예배와 같은 운명이 되었는데, 이는 백성들의 죄에 대한 심판이었다. 즉, 이스라엘 백성들이 포로 이전에 지은 죄 때문에 안티오쿠스 4세에게 넘겨진 것을 의미했다. 나아가서 안티오쿠스 4세는 토라를 의미하는 하나님의 진리를 내동댕이쳤다. 유대인들의 경전인 토라를 불태웠고, 소유하는 것도 금지했다: "율법서는 발견되는 대로 찢어 불살라 버렸다. 율법서를 가지고 있다가 들키거나 율법을 지키거나 하는 사람이면 누구든지 왕명에 의해서 사형을 당했다"^{마카비상 1:56-57}. 안티오쿠스 4세는 다가올 운명을 모른 채 모든 물건과 사람을 제 손아귀에 넣었다고 의기양양해 했다^{단 8:12}.

천사의 탄식 (13-14절)

안티오쿠스 4세가 유다의 제사장과 제사제도를 유린하고 성소를 훼파하는 동안 이스라엘 백성들과 다니엘의 어떤 반응도 나타나지 않는다. 그 대신 예기치 않았던 천사의 탄식에서 이스라엘 백성을 향한 하나님의 마음을 읽는다. 다니엘이 천사의 탄식에서 깨달은 것은 무엇인가? 우선 다니엘은 핍박당하는 포로 상황이 하나님의 허락으로 된 것이라고 고백한다. 이는 백성이 매일 드리는 예배처럼 넘긴 바 되고 12절, 성소와 백성이 짓밟히도록 내어주었다13절는 표현을 통하여 알 수 있다. 이 표현은 1장에서 하나님이 여호야김 왕과 성

안티오쿠스 4세가 유다의 제사장과 제사제도를 유린하고 성소를 훼파하는 동안 이스라엘 백성들과 다니엘의 어떤 반응도 나타나지 않는다. 그 대신 예기치 않았던 천사의 탄식에서 이스라엘 백성을 향한 하나님의 마음을 읽는다.

전의 그릇의 일부를 이방 왕인 느부갓네살 왕의 손에 넘겼다는 표현과 유사하다단 1:2. 또한 포로의 기간은 2,300주야1500일 = 3년 반로 제한하셨다. 이렇게 기간이 정해졌다는 것은 핍박이 당장은 아니지만 끝이 있다는 말이다단 8:17. 19. 하나님은 인간의 죄 때문에 고난과 핍박을 불가피하게 허락하시지만, 때가 되면 회복시키시는 분이시다. 천사들의 대화에서 깨닫는 것은 회복의 중심에 거룩하신 하나님의 임재가 있다는 것이다. 8장은 위기의 정치적인 배경을 설명하면서도 나라가 망하고 왕이 죽으면 모든 것이 해결된다는 정치적 해법을 제시하지 않는다. 왕의 죄악이 지성소의 훼파에서 절정에 이른 것을 가슴 아프게 느끼면서, 동시에 회복의 출발점으로 성소의 정결을 제시한다. 8장은 역사적이고 사회경제적인 측면을 무시하는 것이 아니라, 우선순위의 문제를 제시함으로써 회복의 원칙을 보여주는 것이다.

천사의 등장과 해석 (15-25절)

이제 환상에 대한 해석을 위해 천사가 등장할 때 다니엘은 하나님^{또는} ^{천사}을 대면하는 영적 체험을 한다. 갑자기 사람 모양 같은 이^{15절}가 다니엘 앞에 서 있었고, 사람의 목소리가 가브리엘을 불러 다니엘에게 환상을 설명해 주라고 명령을 내린다^{16절}.[3] 그 목소리에 따라 가브리엘이 다니엘이 선 곳으로 나오자 다니엘은 두려워서 얼굴을 땅에 대고 엎드린다. 천사는 이 환상이 세상 끝에 관한 것이라고 말한다. 그 말을 듣자마자 다니엘은 땅바닥에 얼굴을 댄 채 쓰러졌다. 가브리엘은 잠든 다니엘을 어루만지며 일으켜 세우며 말한다: "장차 세상이 끝나고 진노의 심판 날이 닥칠 때에 무슨 일이 일어날지를 네게 말하려고 한다" ^{메시지 성경, 단 8:19}. 하나님이 안티오쿠스를 심판하시는 진노의 때와 세상의 끝은 구분되지 않는다.

천사가 해석을 시작하는데 초점은 안티오쿠스 4세에 관한 것이다. 숫양의 두 뿔^{3절}은 메대와 바사 왕들^{20절}이다. 숫염소는 헬라 왕이요, 큰 뿔은 첫째 왕이다^{21절}. 큰 뿔이 꺾인 후에 등장한 네 뿔은 알렉산더 이후의 네 나라이지만 알렉산더 만큼은 주목받지 못한다. 이어서 8장의 핵심 주제인 작은 뿔의 운명을 자세히 서술한다.

---

[3] 에스겔서에서 나타나는 "사람의 모양"(겔 1:26)은 천상의 보좌에 있는 하나님 자신을 뜻하는 것으로 보이지만, 다니엘서 8장에서 "사람 모양 같은 것"은 사람의 목소리에 의하여 천사인 가브리엘로 소개되고 있다. 천사로 판명된 가브리엘은 그 뜻이 "나의 용사는 하나님이다"인데 성경에서 처음으로 천사의 이름이 부여되었다(다니엘서 9:20-27; 눅 1:11, 19, 26).

그는 철면피에다 권모술수의 화신이다. 그의 권세는 나날이 커지고 또 커질 것이다. 그는 허풍을 떨면서 의기양양하게, 무엇이든지 제멋대로이며, 영웅과 거룩한 이들을 사정없이 해치울 것이다. 그는 갖은 음모와 계략으로 죄를 짓고, 엄청난 성공을 거둘 것이다! 자신을 천하무적으로 여기며, 거치적거리는 자들을 모조리 없애버릴 것이다. 그러나 그는 만왕의 왕이신 분에게까지 대적하다가, 결국 박살이 날 것이다. 그를 부순 것은 사람의 손이 아니다. 메시지 성경, 단 8:23-25

"철면피"라는 용어는 부끄러움을 모르고 뻔뻔하게 악을 행할 때 사용되는데, 안티오쿠스 4세에게 지속적으로 사용된다단 11:21, 23, 27, 32. 그의 권세가 서서히 커져가면서, 자만하고, 권세를 남용하기 시작한다. 그는 정치적 음모로 하나님의 백성들을 해치우고, 음모와 계략으로 죄를 짓는데 성공할 것이다. 방해가 되는 모든 사람을 처리할 것이다. 결국 하나님을 대적하고 패망할 것인데, 그의 종말은 인간이 예측하지 못하는 방법으로 이루어진다. 이때 "사람의 손이 아니다"라는 표현은 금 신상을 무너뜨린 "손대지 아니한 돌"단 2:34, 45과 유사하다. 그의 종말까지는 1,150일이 남았다. 가브리엘은 이 해석이 현재의 공동체를 위한 것이 아니라 "여러 날 이후"의 일이기에 때가 될 때까지 혼자 비밀로 간직하라고 명령한다단 8:26; 12:4, 9. "여러 날 이후"는 그리스의 마지막 왕인 안티오쿠스 4세 시대를 뜻한다.[4]

---

4   배정훈, 『다니엘서』, 179-180.

다니엘의 반응 (27절)

다니엘이 가브리엘로부터 환상을 받은 후에 어떻게 되었을까? 환상을 받는다는 것은 전인적인 일이어서 많은 에너지가 사용된다. 그래서 환상을 받은 다니엘은 여러 날 동안 앓고 정신을 차리지 못했다. 회복된 이후 일상으로 복구하고 왕이 맡긴 업무를 시작했다.[5] 업무를 하면서도 다니엘의 마음은 혼란스러웠다. 먼 훗날의 비밀을 받았지만 이해하지 못했기 때문이다. 주전 6세기 벨사살 시대를 살면서 주전 2세기 공동체가 겪을 악한 왕의 핍박과 종말에 관한 환상은 다니엘에게 충격이었다. 다니엘은 모든 상징이 선명하게 이해되지 않아서 궁금했다. 그렇다고 다니엘이 비밀의 의미를 알고자 사람들하고 의논하지 않았다.[6] 다니엘의 사명은 이 환상을 보존하는 것이다. 다니엘은 7장에 이어 8장에서 두 번째로 환상을 받았지만 이해하지 못했고, 9장과 10-12장의 환상이 필요했다.[7]

---

5 27절 "왕의 일을 보았다"(개역개정판)는 것은 왕에 관한 새 환상을 받았다는 말이 아니라, 왕의 신하로서 "왕이 맡긴 직책을 수행했다" 또는 "왕을 보필하였다"(메시지 성경)는 뜻이다.

6 "내가 그 환상으로 인하여 놀랐고, 그 뜻을 깨닫는 사람도 없었느니라"(단 8:27b). 이 말은 사람들에게 자기가 본 환상을 물었지만 대답하지 못했다는 말이 아니라 사람이 이해하기 어려운 해석이라는 뜻이다. 후반부의 "그 뜻을 깨닫는 자도 없었느니라"라는 말은 다니엘이 여러 사람들에게 질문하였지만 대답하는 사람이 없다는 말로 오해하기가 쉽다. 다른 번역본들이 본문의 뜻에 가깝다. "그 뜻을 깨닫는 사람도 없었느니라"(개역개정판); "나는 그 뜻을 이해하지 못했다"(표준새번역); "나는 그것을 이해할 수 없었다"(NRSV); "나는 그 뜻을 이해하지 못했다"(메시지 성경).

7 배정훈, 『다니엘서』, 180

포로 시대와 팬데믹 시대:
언제까지입니까?

팬데믹 시대에 천사의 탄식을 통해 성전 훼파에 대한 하나님의 마음이 전달되는가? 코로나로 인해 교회가 커다란 타격을 입었다. 하나님은 현재 교회의 상황에 대해 탄식하신다. 코로나 이전부터 교회는 보수신앙과 진보신앙으로 다양한 갈등이 있었다. 진보신앙은 계몽주의 시대를 거치면서 현대의 사회와 문화에 적응하고 예수를 따르는 삶으로 도전하였지만, 교회의 본질적인 종교성을 중요시하지는 않았다. 보수신앙은 전통을 보존하였지만, 낡은 형식 때문에 시대정신을 담거나 새로운 세대들을 붙잡지 못했다. 교회 기득권인 노년층과 장년층이 교회의 유산을 지키며 자족해 할 때, 젊은 세대에게 그것은 지켜야 할 전통이 아니라 시대에 어울리지 않는 옷 같은 인식을 주었다.

이렇게 위태로운 시대에 '코로나'라고 하는 "손대지 않은 돌"이 전통의 발을 쳐서 교회를 뿌리부터 흔들어 댄다. 코로나 시대에 비기독교인들의 기독교 인식은 더 나빠졌고, 대면 예배인가, 비대면 예배인가의 논쟁으로 기성세대와 젊은 세대의 견해가 갈리면서 예배에서부터 교회 공동체는 위기를 맞았다. 비대면 예배는 교육학교를 해산시켰고, 교역자와 교사, 그리고 학생 모두는 코로나의 종식만을 기다리면서 고군분투하고 있다. 다양한 견해와 대책으로 인한 갈등과 혼란은 교회와 신앙인이 겪는 커다란 아픔이다. 마치 안티오쿠스 4세의 핍박으로 제사장과 제사제도의 유린부터 성소 훼파에서 절정에 이른 탄식 상황과 유사해 보인다.

　　성도들과 목회자들이 끝나지 않은 펜데믹 시대 앞에서 '언제까지입니까'라고 탄식하고 있다. 회복은 성소의 정결로부터 시작해야 한다. 예배는 형식을 넘어 하나님의 임재를 추구하며, 교회의 공동체됨이 회복되는 일에서 출발해야 한다. 행정과 조직에 의존하던 관리 위주의 교회는 내리막을 걷고 있고, 교회의 공동체성인 교제와 치유와 돌봄을 강조하는 교회는 부흥하는 양극화 현상을 나타나고 있다. 즉, 코로나는 교회를 향해 갱신하라는 '하나님의 메가폰'이다. 본질부터 흔들렸던 교회에게 위기와 함께 기회를 주시는 것이다. 우리의 출발점은 지성소 체험 속에서 하늘의 신령함을 맛보고 더 깊은 하나님의 임재를 경험하는 것이다. 그 체험이 삶에 스며들어서 일상과 주변에 변화를 준다. 그 힘으로 공동체를 살리며, 무너진 삶을 일으켜 세우고, 세상을 향한 사랑의 실천과 공공선을 향한 교회 역할을 발휘하게 한다.

황폐한 성소에 주의 얼굴빛을 비추소서!

1 숫양이 상징하는 메대와 바사, 그리고 숫염소가 상징하는 헬라의 역사적 활동은 무엇인가?

2 작은 뿔이 이스라엘 백성과 성전에 행한 죄악의 내용은 무엇인가?

3 "어느 때까지입니까?"라고 탄식한 천사의 심정은 어떻다고 생각하는가?

4 주전 2세기 교회는 다니엘의 환상과 천사의 해석을 듣고 어떤 위로를 받았겠는가?

〈기도하는 다니엘 〉 에드워드 포인터 (Edward Poynter, 1865)

9

회복을 위한 다니엘의 기도
(다니엘서 9장)

주께서 우리에게 행하신 일은 전적으로 옳습니다.

모든 것은 우리의 잘못이고,

우리와 우리 조상들의 죄 때문입니다.

폐허가 된 주의 성소에 자비를 베풀어 주십시오. 단 9:16-19

다니엘은 중보자로서 성소의 회복을 위해 기도한다. 8장에서 하나님은 다니엘이 천사의 탄식을 듣게 하셨고, 9장에서는 다니엘이 직접 기도하게 하신다. 그의 기도는 비참한 현실 인식에서 시작된 기도로써, 무너진 제단의 회복을 위한 기도의 본이 된다. 다니엘은 예루살렘의 파괴와 영광스런 유산의 상실, 그리고 포로살이의 고난이 자신들의 죄 때문이라고 고백한다. 또한 기도의 정점에서 폐허가 된 성소의 회복을 간구한다. 성전이 회복되면 하나님께서 지성소에 현현하시고 그 거룩하심이 성소와 뜰과 가나안 땅에까지 확장될 것이다. 성전 회복이 민족의 회복을 위한 가장 중요한 출발임을 깨달은 것이다.

다니엘이 왜 갑자기 성전 회복을 위한 기도를 드렸을까? 하나님의 선민으로서의 모든 유산을 잃어버린 디아스포라들은, 바벨론 땅에서 신앙의 마지노선을 고수하며 토라를 중심으로 한 신앙을 견지했다. 그들은 천사가 성소의 회복을 위해 기도할 때까지(8장) 성소를 잊고 있었다. 하나님은 천사의 탄식으로 성소 회복이 민족 회복의 출발임을 깨닫게 하시고 다니엘로 하여금 기도하게 하신다. 이스라엘 백성들은 귀국 후 성전 재건으로 회복을 시작해야 한다. 성전에서의 하나님 임재 체험이 그들의 최우선 과제여야 한다. 성전이 없던 포로기에서는 토라 신앙이었지만, 귀환하면 성전 신앙으로 균형을 이루어야 한다. 이것은 신앙의 전통이 무너지고 신앙에 혼란과 위기가 왔을 때 포기할 수 없는 기본이 무엇인지를 깨닫게 한다. 이제 9장에서 회복을 위한 다니엘의 기도를 살펴보자.

다니엘서 9장의 구조

7장과 8장의 네 나라 사상은 9장에서 처음으로 "70이레"와 연결된다. "70이레"는 어디에서 도출된 것인가? 유대인들이 기다렸던 바벨론 제국의 멸망이 오지 않자, 다니엘은 예레미야의 예언대로 70년이 지나야 포로가 끝난다는 말씀을 받았다. 다니엘은 70년 후의 회복을 위해 기도한다. 그런데 다니엘이 받은 계시는 포로의 끝이 70년이 아니라 70이레 후에 온다는 것이다. 이러한 내용을 고려할 때 9장의 구조는 다음과 같다.

다니엘서 9장	내 용
1-2절	환상 ➜ 포로 칠십년
3-20절	하나님의 현현 ➜ 다니엘의 기도
21-27절	천사의 해석 ➜ 칠십 이레(490년)

황폐한 성소에 주의 얼굴빛을 비추소서!

원래 묵시문학은 환상, 하나님의 현현, 천사의 해석으로 구성된다. 그러나 9장은 환상의 내용은 포로 70년 예언으로, 하나님의 현현은 다니엘의 기도로, 마지막으로 천사의 해석은 70이레로 변형되었다. 이 구조에 따라 본문을 살펴보기로 하자.

포로 칠십 년의 환상 (1-2절)

> 메대 출신으로 아하수에로의 아들인 다리오가 바벨론 땅을 다스리는 왕
> 이 되었다. 그의 통치 첫 해에, 나 다니엘은 성경을 읽으면서 예언자 예레
> 미야에게 주어진 하나님의 말씀, 곧 예루살렘이 폐허로 있어야 할 햇수
> 가 칠십 년이라는 것을 곰곰이 생각하였다. 단 9:1-2

유다 백성들이 기다리던 바벨론의 멸망은 이제 성취되었다.[1] 그러나 기대하던 하나님의 나라는 오지 않았다. 그때 다니엘은 예레미야에게 주신 말씀을 계시로 받는다. "예루살렘이 폐허로 있어야 할 햇수가 칠십 년이다" 렘 25:11. 그 뜻은 예루살렘 회복이 바벨론 멸망 직후가 아니라 포로 시작부터 70년 후에 온다는 것이다. 이것이 중요한 이유는

---

[1] 새로운 나라인 메대가 세워졌지만 다리오는 메대의 왕이라고 하지 않고 벨사살 왕처럼(단 5:30-31) 갈대아 나라의 왕이라고 부름으로 바벨론과 메대의 연속성이 강조된다. 또한 다리오 왕을 아하수에르의 아들이라고 말하지만 이때 말하는 아하수에르는 다른 성경에 나오는 아하수에르와는 차이점이 있다(에 1:1; 2:16-17; 스 4:6).

종말에 대한 하나님의 계시가 환상이 아니라 이미 주어진 하나님의 말씀을 통하여 나타났다는 것이다. 즉, 환상을 통해 종말을 계시한 7장과 8장과 달리 권위 있는 전승인 말씀을 통해 계시를 드러낸다는 것이다.

장	계시의 방법
다니엘 7장	환 상
다니엘 8장	환 상
다니엘 9장	말 씀

9장에서 환상은 주어진 말씀이었고, 그 내용은 말씀에 대한 해석이다. 하나님의 말씀이 성도의 삶을 해석하는 기준이 된다는 것을 의미한다. 이스라엘 백성이 기대하는 종말은 이미 주어진 말씀 안에 있다. 즉, 새로운 계시는 특별한 환상이 아니라, 이미 우리의 손안에 있는 하나님의 말씀에 대한 해석이다. 이것이 바로 말씀 신앙이다. 하나님의 말씀은 우리가 구원을 얻고 종말까지 사는데 필요한 모든 진리를 담고 있으며, 신앙의 방향을 보여주는 기준이 된다.

이스라엘 백성이 기대하는 종말은 이미 주어진 말씀 안에 있다. 즉 새로운 계시는 특별한 환상이 아니라, 이미 우리의 손 안에 있는 하나님의 말씀에 대한 해석이다. 이것이 바로 말씀 신앙이다.

황폐한 성소에 주의 얼굴빛을 비추소서!

회복을 위한 다니엘의 기도 (3-19절)

이제 회복을 위한 다니엘의 기도가 시작된다. 다니엘은 포로의 기간이 70년이라고 해도 저절로 그 때가 오지 않음을 알고 있다. 성경에 따르면 회복을 위해서는 다음 단계들이 필요하다.

1	하나님의 심판	신 4:27-28; 30:1; 왕상 8:46
2	죄의 고백, 회개, 그리고 회복을 위한 기도	신 4:29; 30:2; 왕상 8:47-48
3	포로의 마지막과 회복	신 30:3-5; 왕상 8:49-53

이 순서를 따라 이스라엘 백성이 하나님의 심판 앞에서 죄를 고백하고, 회개하며, 회복을 간구하면 여호와께서 응답하실 것이다. 다니엘의 사명은 포로의 남은 시간 동안 공동체 회복을 위해 기도하는 것이다. 기도의 초점은 회개와 회복이었다. 그래서 회개의 상징인 거친 베옷을 입고, 금식하며, 잿더미 위에서 무릎을 꿇고 기도한다. 그의 기도는 전통적인 언어를 사용하여[2] 공동체를 위해 드리는 참회기도였다.[3]

2　다니엘의 기도와 유사한 기도는 다음과 같다. 성전 봉헌을 위하여 드리는 솔로몬의 기도(왕상 8:23-53), 성전의 멸망 앞에서 드리는 공동체의 기도(시편 79편), 금식과 회개로 드리는 에스라의 기도(스 9:6-15), 재를 쓰고 금식으로 드리는 느헤미야의 기도(느 1:5-11; 9:6-37).
3　Seow, 141-142.

다니엘의 기도는 자복^{단 9:4-14}과 간구^{단 9:15-19}로 구분된다. 자복 기도란 죄를 뉘우치고 회개하는 것이다. 먼저 위대하고 존귀하신 하나님을 부름으로^{4절} 자신이 하나님의 자녀임을 인정하는 유일신 신앙을 보여준다. 하나님은 언약을 한결같이 지키시고, 당신의 백성들을 결단코 버리지 않으시는 분이시다^{신 7:9; 느 1:5}. 하나님을 향한 인간의 의무는 그분을 사랑하고 그의 말씀을 지키는 것이다. 그러나 이스라엘 백성들이 말씀을 어김으로 하나님은 전례없던 최악의 재앙을 내리셨다. 이 재앙과 포로의 현실에 대한 책임은 전적으로 백성들에게 있다. 하나님은 언제나 의로우시며, 현실에 대한 책임은 없으시다.[4] 포로의 수치를 당한 사람들은 선지자들이 주의 이름으로 말씀한 것을 듣지 않은 자들이다^{단 9:6}. 그들이 모세의 율법을 어겼기 때문에 율법대로 그들에게 저주가 내려졌다.[5]

이어서 간구 기도^{9:15-19}를 드린다. 하나님은 큰 능력으로 주의 백성을 이집트 땅에서 건져내시고, 오늘과 같이 큰 명성을 얻으셨다^{15절}. 그러나 백성들의 죄로 인해 주의 분노가 예루살렘 성과 성전에 임하였고, 예루살렘과 백성들이 주변 나라에게 수치를 당하고 있다. 그 수치를 제거해 달라고 기도한다. "주의 도성, 주의 거룩한 산, 예루살렘 위에 부어진 진노를 거두어 주십시오." 다니엘은 황폐한 성전을 위하여 "주의 얼굴빛을 폐허가 된 주의 성소에 비추기를" 간구한다. 이

---

4 "주여 공의는 주께로 돌아가고 수치는 우리 얼굴로 돌아옴이 오늘과 같아서"(7a); "우리의 하나님 여호와께서 행하시는 모든 일이 공의로우시나 우리가 그 목소리를 듣지 아니하였음이니이다"(14b).

5 다니엘은 이스라엘 백성들이 지은 죄를 다양한 언어로 설명한다. 1) 우리가 범죄하고, 패역하고, 행악하며, 반역하였다(단 9:5a, 9). 2) 주의 법도와 규례를 떠났다(단 9:5b, 10). 3) 주의 종 선지자들의 말을 듣지 아니하였다(단 9:6, 10). 4) 그들이 주께 죄를 범하였다(단 9:7a, 11).

는 성소가 회복되어 지성소에 하나님이 현현하실 것을 구하는 기도다. 포로 이전처럼 하나님이 성전에 좌정하셔서 백성들의 제사를 받으시기를 소망하는 것이다. 또한 다니엘은 황폐해진 성전과 성[도시]의 회복을 위한 기도는 주의 이름을 위한 것이라고 확신한다. 왜냐하면 성과 백성은 모두 주의 이름으로 선택되었기 때문이다. 그러면서 용서를 간구하고 즉시 기도에 응답해 주시기를 간구한다: "주님, 들어주십시오. 우리를 굽어살피시고, 행하여 주십시오. 지체하지 마십시오!" 단 9:19.

기도의 응답과 환상의 해석 (20-27절)

다니엘의 중보기도가 끝날 때,[6] 해석을 위해 천사 가브리엘이 등장한다:

> 다니엘아 너에게 깨달음을 주려고 내가 왔다. 네가 기도를 시작하자마자
> 응답이 내렸고, 나는 그 응답을 네게 전해 주려고 왔다. 네가 참으로 큰
> 사랑을 받고 있구나? 그러니 너는 이 일을 생각하고 그 환상을 깨달을지
> 니라. 메시지 성경, 단 9:22-23

---

6 20절에서 다니엘은 자신이 드린 기도를 재진술한다. "내 죄와 내 백성 이스라엘의 죄를 자복하고 내 하나님의 거룩한 산을 위하여 내 하나님 여호와 앞에 간구하는" 기도이다.

기도 응답은 기도를 시작할 때였으며 해석을 전해 줄 천사가 곧 바로 파송되었다. 이렇게 하나님은 중보기도에 신속히 응답하시는 분이다. 천사는 다니엘에게 환상을 깨닫는 지혜와 총명을 준다. "너는 이 일을 생각하고 그 환상을 깨달을지니라"라고 말할 때 "일"말씀. 다바르 과 "환상"이 동의어로 사용되었다. 즉 "환상"은 하나님께서 예레미야에게 주셨던 '말씀'이다. 천사는 환상으로 주신 "포로 70년"을 일곱 배인 "70이레"로 해석하며 그 때 일어날 일을 설명한다.

> 네 백성과 네 거룩한 성을 위하여 일흔 이레를 기한으로 정하였나니 허물이 그치며 죄가 끝나며 죄악이 용서되며 영원한 의가 드러나며 환상과 예언이 응하며 또 지극히 거룩한 이가 기름 부음을 받으리라. 단 9:24

예언의 대상은 이스라엘 백성과 예루살렘 성도시이다. 왜 "70년"이 "70이레"로 바뀌었을까? 포로라는 심판 속에서도 회개치 않는 죄에 대한 진노 때문에 포로가 연장되었다.[7] 이어서 "70이레" 동안 일어날 일을 여러 가지 용어로 설명한다.[8]

---

7 "너희가 이같이 될지라도 내게 청종하지 아니하고 내게 대항할진대 내가 진노로 너희에게 대항하되 너희의 죄로 말미암아 칠 배나 더 징벌하리니"(레 26:27-28).

8 Seow, 145-148.

용어	70이레 동안 일어날 일
허물(페샤)	안티오쿠스 4세에 의한 예루살렘과 성전을 향한 패역 행위가 끝난다.
죄(하타오트)	안티오쿠스 4세가 주전 167년에 행한 성전 훼파라는 죄가 끝난다.
죄악(아본)	이스라엘이 포로기 이전에 지은 이스라엘의 죄악을 용서받는다.
의(체덱)	하나님의 영원한 의가 드러날 것이다.
환상과 예언	다니엘에게 보여주신 환상과 예레미야의 예언이 그대로 이루어질 것이다.
거룩한 이	지성소(거룩한 이)가 정결함을 입고 기름 부음을 받아 회복된다.

위의 용어에 대한 해석은 다니엘서에서 쓰였던 용례로 알 수 있다. 처음 두 개의 "허물"페샤과 "죄"하타오트는 안티오쿠스 4세의 행위를 말하고 세 번째의 "죄악"아본은 용서받은 이스라엘이 포로 이전에 지은 죄단 9:13, 16를 가리킨다. 네 번째의 "하나님의 의"9:7, 14, 16, 18가 마지막 때에 드러날 것이다. 다섯 번째의 "환상과 예언이 응한다"하탐, seal는 말은 환상과 예언이 참된 진리이기 때문에 그대로 성취될 것을 말한다왕상 21:8; 렘 32:10. 마지막 "거룩한 이"는 [개역개정판] 번역인 '메시아'를 가리키기 위해 "지극히 거룩한 이"로 번역하는 경우가 있다, 그러나 이 단어는 사람이 아니라 지성소를 의미한다. 지성소가 정결함

을 입고 기름부음을 통해^{출 30:26-29: 40:9-15} 회복되는 것을 말하며 8:13-14절의 예언 성취를 뜻한다.[9] 이 예언들은 주전 164년에 유다 마카비에 의해 실제로 이루어졌다^{마카비상 4:36-59}.

천사는 계속해서 70이레의 과정인 7이레, 62이레, 한 이레가 지날 때 벌어질 일들을 설명한다. "70이레"는 예수 재림을 통한 종말로 보는 기독론적 해석과[10] 안티오쿠스 4세의 죽음과 연결하는 안티오쿠스적인 해석으로 나뉜다. 그런데 다니엘서 전체를 볼 때 연대기를 나누는 안티오쿠스적인 해석이 더 합리적으로 보이며 다음과 같이 해석할 수 있다.

예루살렘을 중건하라는 영	주전 605년
일곱 이레	주전 556년
62 이레	주전 171년
반 이레(세 때 반)	주전 167년
한 이레	주전 164년

"예루살렘을 중건하라는 영"이 날 때^{25절}는 주전 605년 예레미

---

9 이 단어를 거룩한 이로 번역한 이유는 구 라틴역의 영향을 받아 메시야적인 해석 때문인 것으로 보인다. 그러나 메시아로 볼 수 있는 증거는 없다. Lucas, 242.

10 기독론적인 해석은 주전 445년과 458년을 출발점으로 하여 69이레인 483년(7x69)을 더하고 3년 반 남은 시점을 예수의 초림과 죽음에 맞추고, 나머지 3년 반은 재림을 의미하는 것으로 해석한다. 이 해석은 다니엘의 당대 사람들에게는 의미가 없고 오직 그리스도의 시대를 예언하였음을 강조한다.

황폐한 성소에 주의 얼굴빛을 비추소서!

야가 70년 후에 회복된다는 말씀을 들은 때이다.[11] 첫 "일곱 이레"[49년] 후에 등장하는 "기름부음을 받은 자"는 페르시아의 왕 고레스가 기름 부음 받은 때이다. "62이레"[434년]가 지난 후는 주전 171년으로 기름 부음을 받은 마지막 사독 제사장인 오니야스 3세가 죽은 해이다. "반 이레"인 세 때 반이 지날 때는 167년으로 박해의 절정에 이른 시기이다. 171년 이후 "한 이레"가 지나는 주전 164년에 안티오쿠스 4세의 죽음으로 성전이 회복될 것이라고 말한다.

이것은 7장과 8장에서 제시된 예언에 기초하여 주전 164년에 있을 성전회복을 종말의 성취로 본다. 이 해석은 당시 이스라엘 백성들에게 위기의 근원을 알려 주면서, 종말까지 삼년 반을 견딜 용기를 준다. 특히 중요한 분기점인 주전 171년[오니야스의 죽음], 주전 167년[안티오쿠스의 박해], 주전 164년[안티오쿠스의 죽음]에 나타난 역사적인 사건을 연결한다.

9장 25-27절에서 예언된 "70이레"의 과정을 더 설명해 보기로 하자. 포로가 시작된 주전 605년에 "예루살렘을 중건하라"는 명령이 오고, "한 이레" 후[주전 556년]에 기름 부음을 받은 자, 곧 왕이 일어난다[페르시아의 왕 고레스의 즉위]. 이후 "62이레"가 되기까지 성이 중건되어 광장과 거리가 세워진다는 것은[25절] 성벽이 건축된 느헤미야 시대를 암시하는 것으로 보인다.[12] "62이레" 후인 주전 171년에 기름 부음을 받은 자로서 끊어질 자는 오니야스 3세이다[26절]. 야손이 안티오쿠스 왕

---

11 이에 대하여 다양한 견해들이 등장한다. 1. 예레미야의 칠십 년 예언[렘 25:12 (605), 렘 29:10 (597)]. 2. 예레미야의 회복예언[렘 30:18-22; 31:38-40 (587)]. 3. 가브리엘이 다니엘에게 한 말 (539?). 4. 에스라 1:1-4에 나오는 고레스의 조서(539). 5. 에스라 6:1-12에 나오는 다리우스의 조서(521). 6. 에스라 7:12-26에 나오는 아닥사스다의 조서(458). 7. 느헤미야의 파견에 나오는 아닥사스다의 조서(445). Lucas, 242-243.

12 Seow, 149.

에게 예루살렘에서 그리스 도시를 건설하겠다고 약속하고 거액의 돈을 지불하고 오니야스 3세의 제사장직을 빼앗았다^{마카비하 4:1-22}. 야손은 다시 메넬라우스에게 제사장직을 빼앗기고^{마카비하 4:23-28}, 주전 171년에 오니야스 3세가 죽임을 당함으로 합법적인 사독 계열의 대제사장의 대가 끊긴다. 장차 올 왕은 안티오쿠스 4세로서 예루살렘 성과 성전을 무너뜨리지만, 그의 마지막에는 전쟁이 있고, 황폐할 것이 작정되었다^{사 10:22-23}.[13] 안티오쿠스 왕은 "한 이레" 동안 많은 사람들과 언약을 맺는다^{27절}. "많은 사람"은 안티오쿠스의 헬레니즘 개혁에 동조하는 유대 공동체의 지도자들과 그들과 협조하는 메넬라우스와 헬레니즘 개혁자들이다^{마카비상 1:11}.[14] 안티오쿠스는 제사와 예물을 금지하고, 마침내 성전의 지성소를 황폐케 하는 가증한 것을 세운다^{단 9:27}. 그는 올림피아의 제우스 신에게 돼지를 제사함으로 성전을 더럽혔다. "황폐하게 하는 자"란 안티오쿠스가 성소에 세워두고 예배한 신인 바알 샤멤^{마카비하 6:2}을 의미한다.[15]

---

13 "안티오쿠스의 마지막이 "홍수에 휩쓸림 같다"는 말은 노아의 홍수 때와 같이 인간의 죄로 인하여 종말이 찾아올 것을 말한다." Seow, 150.

14 Paul Redditt, 163.

15 "그리고 예루살렘의 성전을 더럽히고 그 성전을 올림피아의 제우스 신에게 봉헌하게 하고 그리심 산의 성소는 그 지방 사람의 소원대로 나그네의 수호신인 제우스에게 봉헌하게 하였다"(마카비하 6;2).

황폐한 성소에 주의 얼굴빛을 비추소서!

포로 시대와 팬데믹 시대:
황폐한 성소에 주의 얼굴빛을 비추소서!

이스라엘 백성들이 바벨론에 포로로 끌려왔을 때 생존하는 것조차도 버거웠다. 그들은 제국이 무너지고 하나님 나라가 도래하기를 간구했다. 그러나 하나님은 다니엘과 백성들이 신앙의 본질을 찾기 원하셨는데 바로 하나님의 임재 회복이다. 이스라엘 백성들이 바벨론에서 토라를 바탕으로 새로운 정체성을 세웠기에 포로 이전의 신앙 유산은 영원히 잊힌 것으로 알았다. 그런데 회복의 절정은 "성전의 지성소 회복을 통하여 경험하는 하나님의 임재"라고 9장에서 말한다. 이것은 놀라운 메시지다. 다니엘이 8장에서 성소 황폐에 대한 천사의 탄식을 들었다면, 9장에서는 중보자로서 황폐한 성전 회복을 위해 기도하기 시작한다.

세상과 교회를 위해 탄식하신 하나님의 심정이 다니엘이 기도하게 된 출발이었다. 다니엘의 중보기도는 자신의 유익을 위한 것이 아니라, 하나님의 교회와 하나님의 나라를 위한 것이다. 그의 기도는 중보기도의 모범적인 모델이 된다. 기도는 참혹한 현실의 책임을 자신들의 잘못으로 받아들인다. 죄악의 결과를 애통해하며 죄의 길에서 돌아서겠다는 참회와 용서를 간구하며, 회복을 위해 기도한다.

팬데믹 시대에 다니엘과 같은 중보기도가 필요하다. 코로나는 인간에 대한 자연의 역습이다. 인간이 욕망 충족을 위해 자연을 자의

적으로 파괴한 결과다. 코로나의 전세계적 위기는 우연이 아니라 이 시대의 가치관과 삶의 양식이 초래한 결과임을 인정하고 철저히 회개해야 한다. 현재 백성들이 겪는 아픔을 안타까워하고 함께 울며 탄식으로 시작해야 한다. 코로나는 인간이 자연과 공존해야 한다는 생태신학의 가치를 새롭게 인식시켜주고 있다. 또한 교회의 본질을 돌아보고 하나님의 임재 회복을 위해 기도하며 역동적인 공동체성을 회복하기를 촉구한다. 거룩하신 하나님의 임재를 성전에서 경험하고, 성도의 성품이 변화되어야 한다. 함께 이 시대의 공공선을 이루며, 삶의 자리를 변화시켜 세상에서 빛과 소금의 역할을 감당해야 한다.

1 다니엘에게 예레미야의 포로 70년이라는 계시가 필요한 이유는 무엇인가?

2 다니엘이 드린 기도의 내용은 무엇이며 9장에서 이 기도의 역할은 무엇인가?

3 포로의 기간이 왜 70년에서 "70이레"로 바뀌었는가?

4 다니엘이 예언한 "70이레" 동안 어떤 일들이 있을 것으로 예언되었는가?

5 안티오쿠스 4세의 박해를 받는 사람들에게 "70이레"에 관한 다니엘의 예언은 어떤 효과가 있었겠는가?

기다림을 위한 기도

김 계 환

배를 주리며

거친 베옷을 입고

재를 덮어 쓰며

하늘로 손을 올리나이다

두려운 이시여

언약을 이루시는 이시여

인자를 풀어 놓으시는 이시여

지체하지 마시고 정한 날 이르게 하소서

한 손에는 패역이

한 손에는 반역이

물들어 깊어지니

영영 주를 떠날까 근심입니다

선지자들의 말에 귀를 향하고

조상들이 전한 것에 마음을 두나이다

공의는 주의 것이며

수치는 우리에게 있나이다

재앙을 뿌리시는 이시여

무거운 바람을 부르시는 이시여

성의 티끌마저 날려 버리시는 이시여

지체하지 마시고 주의 날을 이루소서

더딘 걸음에

무딘 눈 때문에

길을 잃어버리나이다

정한 날 주의 얼굴을 보지 못할까 하나이다

Pre.

〈다니엘의 환상〉 빌렘 드로스트(Willem Drost, 1650)

10

큰 은총을 받은 자여!
(다니엘서 10장)

"큰 은총을 받은 사람이여!

두려워하지 말라

평안하라 강건하라 강건하라" 단 10:19

　　평생을 꿈과 환상으로 포로 중에 있는 백성들을 위로하던 다니엘에게도 하나님의 위로가 주어졌다. 다니엘은 주전 605년 바벨론에 포로로 끌려온 직후부터 고레스 3년까지 69년을 쉼없이 달려왔다. 그동안 바벨론 멸망을 기다렸고, 또한 포로 70년을 하루처럼 기다렸는데, 70이레로 연장되었다. 포로의 기간이 70이레라면 이제 다니엘은 생존해 있는 동안 포로의 끝을 볼 수 없다는 말이다. 그렇게 포로의 끝을 생전에 볼 수 없다면, 다니엘의 인생은 어떻게 되는가? 이제 다니엘의 역할은 역사적인 포로가 끝난 후에 돌아갈 백성들을 위한 것이 아니다. 70이레 후에 고난받을 백성들을 위하여 희망을 전하는 사명을 맡게 되었다.

　　다니엘은 완전히 드러나지 않은 종말 환상에 대한 천사의 해석을 듣기 위해 경건으로 준비하고 있었다. 그런데 어느 날 거룩하신 하나님의 임재 가운데 하나님의 음성을 듣는다: "큰 은총을 받은 사람이여 두려워하지 말라 평안하라 강건하라 강건하라." 그토록 빈틈없던 다니엘도 위로가 필요했던가? 포로 69년 동안 나이 들고 약해진 육체, 그리고 기다림에 지쳐 있을 때 마지막 사명을 수행할 다니엘을 향한 위로의 말씀이었다. 하나님은 다니엘이 역사상 유례없는 고난을 겪을 공동체를 위로하기 전에 먼저 위로받게 하셨다. 다니엘서 10장에서 환상에 대한 해석을 기다리며 하나님의 위로를 받던 연약한 다니엘의 이야기를 들어보자.

다니엘이 큰 전쟁에 관한 환상을 받다 (1절)

———

10장은 환상-하나님의 현현-환상의 해석으로 구성된 10-12장의 일부로써 다음과 같은 내용으로 이루어졌다.

1. 다니엘이 큰 전쟁에 관한 환상을 받다 (1절)
2. 환상 해석을 위한 준비: 다니엘의 경건 (2-3절)
3. 하나님의 현현 (4-9절)
4. 천사의 등장과 환상의 해석 (10-19절)

다니엘이 마지막 환상을 받은 것은 바사^{페르시아} 왕 고레스 3년이었다. 이때는 다니엘이 포로살이 69년째 되는 해이며 70년을 1년 남겨 두고 마지막 예언을 한 시기다. 7장과 8장에서 환상을 통하여 계시가 주어졌다면, 9장의 계시는 예레미야를 통한 "포로 70년의 말씀"이다. 10장은 다니엘이 예언자 권위로 직접 하나님으로부터 말씀을 받는 자가 된다. 7장-10장에서 나타나는 묵시문학의 형식을 비교하면 다음과 같다.

	도입	계시의 내용
7장	내가 밤에 환상을 보았는데	네 짐승과 인자 같은 이
8장	내가 환상을 보았는데	숫양과 숫염소
9장	책을 통해 말씀으로	예레미야의 포로 예언
10장	한 일(말씀)이 나타났는데	큰 전쟁에 관한 것

1절에서 환상은 다음과 같이 주어진다:

한 말씀^{다바르}이 벨드사살이라 이름한 다니엘에게 나타났는데 그 말씀^{다바르}이 참되니, 곧 큰 전쟁에 관한 것이라. 그가 그 일^{다바르}을 분명히 알았고, 그 환상을 깨달으니라

묵시문학의 방식으로 다니엘이 환상을 깨달았는데, 환상은 곧 말씀이다. 즉, 다니엘에게 말씀이 나타난 것이다. 여기에서 "나타났다"는 단어는 예언자들에게 말씀이 임할 때 사용하는 용어이다^{삼상 3:7;} ^{암 3:7.}[1] 즉, 다니엘은 이제 환상을 해석하는 지혜자가 아니라, 예언자의 권위로 말씀을 받는 자이다. 그가 받은 말씀은 곧 큰 전쟁 또는 긴 포

---

1 "여호와의 말씀도 아직 그에게 나타나지 아니한 때라"(삼상 3:7); "주 여호와께서는 자기의 비밀을 그 종 선지자들에게 보이지 아니하시고는 결코 행하심이 없으시리라"(암 3:7).

로에 관한 것이다.² 천사는 이것을 "마지막 날에 네 백성이 당할 일"^단 10:14 이라고 말하고, 11장에서 계시의 내용은 페르시아를 거쳐 그리스의 멸망까지의 역사로 나타난다.³

다니엘이 이 계시를 400년 후의 교회에 전해 주는 것이 교회에게 진정으로 도움이 될 것인가? 하나님은 예언자들에게 계시를 보여 주심으로 미래를 준비하셨다^{암 3:7}. 그 예언자의 역할을 다니엘이 맡았다. 유대 백성들은 먼 미래에 안티오쿠스 4세의 핍박을 받으며 다니엘의 예언을 기억할 것이다. 그것은 새로운 핍박이 아니라 주전 605년에 시작된 포로 기간이 연장되었기 때문임을 알게 된다. 비록 이 핍박이 자신들의 죄로 인한 상황이지만 마지막까지 신앙을 버리지 않고 현재를 견딜 수 있도록 도울 것이다. 그렇게 하나님은 핍박의 절정에서 간절히 부르짖는 백성들을 위하여 그들이 당할 일을 알려주심으로 견디도록 돕는 분이시다.

> 그렇게 하나님은 핍박의 절정에서 간절히 부르짖는 백성들을 위하여 그들이 당할 일을 알려주심으로 견디도록 돕는 분이시다.

---

2 전쟁으로 번역한 차바라는 단어는 포로라고 번역할 수 있기 때문에 다니엘이 받은 환상은 큰 전쟁, 또는 긴 포로라고 볼 수 있다. 전쟁으로 번역한 차바라는 단어는 이사야서에서 노역이라고 번역된다. "그 노역(ab'c')의 때가 끝났고 그 죄악이 사함을 입었느니라 그의 모든 죄로 말미암아 여호와의 손에서 벌을 배나 받았느니라 할지니라"(사 40:2). 이사야서에서 노역이라고 번역한 차바는 전쟁이 아니라 포로의 기간을 의미한다. 이사야서에서 포로의 기간을 염두에 두고 노역이라고 번역한 것과 다니엘서 10장에서 다니엘이 포로의 끝을 염두에 두고 환상의 내용으로 사용한 차바는 유사하다고 볼 수 있다. 이렇게 본다면 10장 1절에서 말씀이 담고 있는 계시는 차바에 관한 것, 곧 종말까지의 남은 기간을 의미한다고 볼 수 있다. 배정훈, 『다니엘서』.

3 Goldingay, 282.

황폐한 성소에 주의 얼굴빛을 비추소서!

환상 해석을 위해 경건을 준비하다 (2-3절)

> 그때에 나 다니엘은 예루살렘을 위하여 세 주간 애곡하는 시간을 갖고
> 있었다. 나는 간단한 음식만 먹었고, 조미료나 고기나 포도주는 입에 대
> 지 않았다. 세 주가 지나기 전에는 목욕도 하지 않고 면도도 하지 않았
> 다. 메시지 성경, 단 10:2-3

다니엘은 환상의 비밀을 알기 위하여 하나님이 원하시는 경건의 시간
을 가졌다. 그것은 장차 고통받을 백성을 위하여 하나님으로부터 계
시를 전해서 그들이 고난을 잘 견디도록 돕기 위함이다.[4] 다니엘은 경
건의 기간 동안 예루살렘의 죄를 애곡하였고, 육체의 유익을 위한 좋
은 떡, 고기, 포도주를 절제하고 기름을 바르지 않았으며 오직 하나님
에게 집중했다.[5] 세상에 마음을 두지 않고 온전히 절제하며 하나님의
임재를 갈망한 것이다. 결국 다니엘은 21일 만에 응답을 받았다[단 10:3,
13].[6] 응답이란 단지 계시의 내용만이 아니라 계시를 받을 준비를 위한
하나님과의 만남이다. 그래서 정월 24일, 힛데겔이라는 큰 강가에서

---

4 스스로 겸비케 하는 행위는 원래 대 속죄일에 행하던 일로써(레 16:29), 말씀 앞에서 회개하는 자
세이다(왕상 21:27).

5 육신을 즐겁게 하는 좋은 떡, 술과 포도주(전 9:8; 암 6:6; 마 6:17)를 절제함으로 하나님에게만 집
중하는 기회를 만드는 것이다(삼하 12:20).

6 세 이레라는 기간은 다니엘이 정한 기간이라기보다는 기도하기 시작해서 환상에 대한 천사의 응
답을 받기까지 계속된 기간이다. 천사는 다니엘이 기도를 시작한 첫날부터 응답을 받았지만, 바
사 나라의 군주가 막아서 지체가 된 것이라고 말한다(단 10:12-13). 시기적으로는 세 이레 후에
정월 이십사일이 된 것을 보면 정월 십사 일부터 이십일 일까지 기간이 끼어 있음으로 아마도 유
월절/무교절 기간 동안에 슬퍼한 것으로 보인다. 유월절은 정월 14일 밤이고, 정월 15일부터 일주
일 동안 무교절이 계속된다(레 23:4-8).

하나님을 대면한다.[7]

> 허리에 순금 허리띠를 매고 모시옷을 입은 어떤 이가 거기에 있었다. 그
> 의 몸은 보석 조각처럼 단단하고 반짝였으며 얼굴은 빛났고 눈은 횃불처
> 럼 이글거렸다. 팔과 발은 청동처럼 광채가 났고, 깊이 울리는 음성은 거
> 대한 합창소리 같았다. 메시지 성경, 단 10:4-6

다니엘의 '하나님 대면'은 이스라엘 백성들에게는 낯설지 않다.
하늘 보좌에서 하나님을 대면하는 경험을 '보좌환상'이라고 하는데,
모세의 지성소 체험에서 유래되었고, 예언자들에게서 발전되었다.
'보좌환상'의 핵심은 지상 성전에서 하늘 성전에 계시는 하나님의 현
현을 체험하는 것이다. 이것을 이사야가 경험했다. 에스겔도 하나님
을 만날 때 유사한 모습을 목격했다겔 1:4-28. 순금 허리띠, 보석 조각 같
은 몸, 빛난 얼굴, 횃불 같은 눈, 합창 소리 같은 음성 등이 그것이다.
지상 성전이 무너진 포로기에 성전에서 분리되어 보좌를 타고 나타나
신 하나님을 목격한 것이다. 이사야와 에스겔을 이어서 다니엘도 성
전 없는 바벨론 땅 힛데겔 강에서 하나님을 체험하게 된다.
　　특히 다니엘의 체험은 다메섹 도상의 그리스도를 만난 바울 체
험과 유사하다.[8] 다니엘만 환상을 체험하고 다른 사람들은 못 보고 떨
며 도망하고 숨었다단 10:7; 행 9:7.

7　데겔이라는 강은 유프라테스를 의미하지만(창 15:18; 신 1:7; 수 1:4; 계 9:14; 계 16:12), 이곳에서
　　는 유프라테스 강 대신 티그리스 강을 언급하기도 한다.
8　Seow, 157.

홀로 남겨진 나는 무릎이 후들후들 떨리고, 얼굴에 핏기도 가셨다. 그때 그의 음성이 들려왔다. 그가 말하는 사이에 나는 정신을 잃은 채 얼굴을 땅바닥에 대고 쓰러졌다 단 10:8-9

하나님을 대면한 직후, 다니엘의 육체는 힘이 빠진 무기력한 상태가 되었다. 사도 요한도 하나님을 대면하고 "그의 발 앞에 엎드려져 죽은 자 같이 되었다." 계 1:17고 한다. 다니엘은 입신入神 같은 상태를 겪고 나서야 환상의 해석을 받는다. 하나님은 신앙의 확신을 하게 하도록 황홀한 체험을 허락하신다. 이러한 체험을 통하여 하나님이 살아계시며, 그 분이 위기 속의 백성들을 구원하시는 분임을 확신하고 맡겨진 사역을 감당하게 된다.

> 하나님은 신앙의 확신을 하게 하도록 황홀한 체험을 허락하신다. 이러한 체험을 통하여 하나님이 살아계시며, 그 분이 위기 속의 백성들을 구원하시는 분임을 확신하고 맡겨진 사역을 감당하게 된다.

천사의 등장과 환상의 해석 (10-19절)

천사는 보좌환상을 체험한 다니엘을 일으켜 세우고 해석을 전한다. 천사의 등장과 해석은 반복된다 10-14절과 15-19절. 처음 등장한 천사는 깊은 잠에 빠진 다니엘을 위로하고 격려한다. 그는 다니엘을 어루만지며 그의 무릎과 손바닥이 땅에 닿게 일으킨다. 다니엘을 "큰 은총을 받은 사람"11절이라며 존귀히 여긴다. 그는 자신이 보냄을 받은 천사임을 밝힌다11절. 하나님은 다니엘이 겸손하고 경건하게 지내자마자 응답하셨다. 그러나 21일 동안 천사들의 전투로 응답이 지체되었다12절. 수호천사를 상징하는 바사 왕국의 군주 때문에 지체되었으나, 가장 높은 군주 중 하나인 미가엘의 도움으로 이제야 도착했다.9 천사가 전하는 환상의 해석은 "마지막 날에 네 백성이 당할 일"14절이며, 그 일은 다니엘 시대에 이루어지는 것이 아니라 "오랜 후의 일"14절이다. "마지막 날"은 위기의 끝이면서 동시에 역사의 종말을 가리킨다.10

천사가 해석할 때 다니엘은 땅만 보고 아무 말도 하지 못했다. 천상의 존재인 천사의 해석을 듣지만 그와의 대면이 감당하기 어려웠던 것이다. 그때 천사가 입을 열도록 돕는다. 하나님이 예언자의 입술을 만지는 것은 예언자들의 소명에서 나온다사 6:7; 렘 1:9. 하나님은 이사야의 입술을 정결케 하고 말씀을 주셨고, 예레미야에게도 역시 동일한 방식으로 말씀을 주셨다. 마찬가지로 다니엘도 예언자직을 감당하도록 천사가 돕는 것이다. 천사가 거의 죽은 상태인 다니엘의 입을 만지자 다니엘이 말하기 시작한다. 그리고 환상을 받는 동안 경험했던

---

9 여호와는 이스라엘을 위하여 싸운다는 표현이 나타난다(민 10:35-36; 삿 5:19-20; 합 3:12-13). 그리고 나라들에게 각자의 수호신이 있다는 언급이 자주 나타난다(수 5:13; 왕하 18:35; 왕하 19:35; 신 32:8-9). 이와 같이 하나님을 대항하는 세력이 일정 기간 동안 하나님의 행동을 저지한다(13절). 이 영적 전쟁은 곧 하늘의 신들의 전쟁으로 이 전쟁의 결과에 따라 나라의 운명이 결정된다.

10 여기에서 "마지막 날"이라는 단어는 구약에서 두 종류의 의미가 있다. 첫 번째는 나중에 있을 일이다(창 49:1; 민 24:14; 신 4:30; 31:29). 두 번째는 하나님 나라가 임하여 이스라엘이 회복되는 종말의 날이다(사 2:2; 미 4:1; 호 3:5; 겔 38:16). 본문(10:14)에서는 두 번째 의미로써 위기가 끝나고 찾아올 종말을 말한다. 이 마지막 날은 바사의 멸망과 헬라의 멸망과 함께 시작된다. 이 종말은 안티오쿠스의 종말이 이루어지는 마지막 그 날이 이르기까지의 위기의 종말의 과정(11:2-45)과 위기의 종말 후에 역사의 종말에 이루어질 일들(12:1-4)이다.

자신의 고통을 다음과 같이 언급한다:

주여, 저는 주를 보고서 두려움에 사로잡혔습니다. 무릎이 후들후들 떨리고 움직일 수조차 없습니다. 사지가 굳고 숨을 쉬기조차 어려운데 미천한 종인 제가 어떻게 감히 주와 이야기를 나눌 수 있겠습니까? 메시지 성경, 단 10:16-17

　본문에서 "주"는 천사 가브리엘이며, "주의 종"은 다니엘을 가리킨다. 다니엘이 대화를 감당키 어렵다고 하자, 천사가 다니엘을 만지고 말한다: "큰 은총을 받은 사람이여 두려워하지 말라 평안하라 강건하라 강건하라"단 10:19. 그러자 다니엘은 강건해졌고 천사의 소리를 듣기 시작한다. 하나님은 그렇게 지친 사역자를 돕고 위로하시는 분이다.

　이제 다니엘은 계시의 내용을 받을 수 있게 되었다. 20-21절은 환상의 해석이다. 가브리엘은 남아있는 바사와 헬라의 군주들의 영적 전쟁에서 미가엘의 도움으로 승리할 것을 예고한다단 9:21. 바사의 군주, 헬라의 군주, 그리고 이스라엘의 군주인 미가엘 간間의 전쟁으로 나라의 운명이 결정되는데 하나님은 당신의 백성을 위하여 일하시고 최후의 승리를 가져오시는 분이시다. 천사가 다니엘에게 보인 것은 "진리의 글"이다. 이 글은 종말에 심판자 앞에 있을 생명책단 7:10; 단 12:1 이라기보다는, "마지막 날에 내 백성이 당할 일"14절로써 11:2-12:4절에 이르는 고레스 3년부터 그리스의 멸망을 거쳐 역사의 종말에 이르는 계시의 내용을 말한다.

포로 시대와 팬데믹 시대:
하나님의 임재를 사모하라

———

다니엘처럼 쉼 없이, 열정적으로 하나님의 길을 달린 자라면 하나님 임재의 위로와 능력이 필요하다. 노쇠하고 기다림에 지친 다니엘은 하나님의 임재를 체험하고 벅찬 감격을 얻는다. 하나님은 다니엘을 귀한 존재로 인정하시고 "큰 은총을 받은 사람"이라고 부르신다. '두려워하지 말라'고 위로하시고, '평안하고 강건하라'고 힘을 주신 것이다. 이제 다니엘은 천사의 도움으로 기력을 회복하고 계시를 받을 상태가 되었다. 위대한 예언자들인 이사야나 에스겔처럼, 다니엘이 400년 후에 고난받는 공동체에게 말씀을 전하는 사명을 감당할 힘을 얻은 것이다.

　　이스라엘 백성들이 하나님의 임재를 경험할 수 있는 곳이 성전이었다. 그래서 하나님은 이스라엘 백성들에게 회복의 출발점을 성전 회복이라고 하셨다. 8장과 9장에서 성소의 회복을 기대케 하며, 10장에서는 다니엘이 먼저 회복된 성전에서 하나님의 임재를 경험하게 하신다. 하나님의 임재 체험은 400년 후에 고난 겪을 백성들보다, 중보자와 예언자로서 먼저 겪어야 할 신앙의 본질적인 요소이다. 예배의 본질은 무엇인가? 하늘과 땅이 만나는 지성소의 보좌에서 거룩하신 하나님을 체험하는 것이다. 다니엘은 성전이 부재한 바벨론에서 지성소의 보좌 경험을 한다. 포로살이 중에 토라 신앙으로 살던 백성들에

황폐한 성소에 주의 얼굴빛을 비추소서!

게 하나님 임재 체험을 미리 허락하심으로 온전한 신앙으로 나아가게 하신다.

　"큰 은총을 받은 사람이여, 두려워하지 말라!"는 코로나 위기를 돌파하는 그리스도인들에게 주시는 음성이다. 코로나는 우리를 불가피한 비대면 예배와 다양한 상황에 적응하게 했다. 코로나 후에는 신앙의 패러다임이 바뀌며, 또 다른 신앙의 형식이 요구될 것이다. 예배 형식에 대한 논쟁이 있지만, 하나님 임재의 거룩한 경험은 타협할 수 없는 핵심이며 본질이다. 거룩한 하나님의 임재를 경험할 때 우리의 존재가 용납되고, 자신감을 얻으며, 살아갈 힘을 얻을 수 있기 때문이다. 하나님의 임재 체험은 당신의 백성들에게 주시는 하나님의 선물이다. 1%의 흠도 없는 정결한 삶을 추구하며 기다리는 자들은 하늘로부터 오는 신령한 체험을 은혜로 받는다. 이 본질 위에 새롭게 신앙의 틀을 만들어가야 할 우리에게 하나님의 음성이 들린다. "큰 은총을 받은 사람이여, 두려워하지 말라! 평안하라. 강건하라."

1 하나님의 계시를 받기 위하여 다니엘은 어떤 영적인 준비를 했는가?

2 하나님과 천사가 다니엘을 어떻게 도와주는가?

3 다니엘의 사역 초기에는 없었던 하나님의 도우심이 왜 지금 나타났는가?

4 다니엘에게 주어진 하나님의 임재 체험은 회복을 기다리는 신앙인들에게 어떤 교훈을 주는가?

영원한 생명을 향하여

김 계 환

큰 돌을 세우고
전장에서 획득한 병거들을 진열하고
강을 따라 성을 세우나니
저희의 영광이 거기 있음이라

비문을 새겨 기념하고
왕의 이름을 그 아들에게 전수하니
영원한 제국을 꿈꾸나니
이 작고 창백한 별 위에

보라, 선을 긋고 흩으시는 이를
그의 깃발의 강고함을 보라
저희의 고집은 무너지고
폐허는 길어라

함성을 크게 질러 올리고
나팔 소리를 드높일지라도
한 번 천둥소리에 멸절하나니
사람의 제국이여

왕들은 낮은 곳을 찾아라
병정들은 창을 꺾어라
문지기는 엎드릴지라
저희보다 큰 별도 사라지나니

보라, 하늘을 말리우시는 이를
그 위엄한 옷깃은 두렵나니
꺾은 무릎이 생명이라
영원한 생명의 길이라

Pre.

〈이수스 전쟁〉(Battle of Issus) 알렉산더 대왕과 페르시아 제국 다리우스 3세의 전쟁

11

역사 속에 숨겨진 계시

(다니엘서 11장)

그가 마지막을 맞으리니 누구도 그를 도울 수 없으리라! 단 11:45

역사상 유례없는 안티오쿠스 4세의 핍박이 절정에 이른 때였다. 다니엘은 예언자로서 왕의 종말을 전했다. 핍박받는 하나님의 백성들에게 안티오쿠스 4세의 멸망 선포가 어떤 의미가 있을까? 백성들은 페르시아부터 그리스의 종말에 이르는 긴 역사에서 제국의 흥망과 절대군주들의 운명을 보았다. 신앙인들은 욕망과 술수가 가득한 왕들과 측근들의 탄압이 계속되어도 역사는 하나님 편에 있다는 믿음을 가졌다. 그 믿음으로 신앙의 본질을 지키며 어둠을 견디고 약자들과 더불어 칠흙같이 어두운 터널을 걸어가기로 다짐한다.

그런데 다니엘은 안티오쿠스 왕에 대한 계시를 어떻게 받았을까? 하나님으로부터 온 계시가 역사 속에 감추어져 있었다. 11장에는 페르시아 시대부터 그리스의 멸망까지 왕들의 역사 속에 안티오쿠스의 운명에 관한 계시가 숨어 있다. 그래서 11장의 문맥은 "세 때 반"이 남은 시점에서 과거 왕들의 역사에 담긴 계시의 빛 아래 안티오쿠스 4세에게 심판을 선포하는 것이다. 왕들의 역사에는 일정한 패턴이 있다. 왕들은 하나님에게 권세를 받아 누리다가, 때가 되면 권력의 정점에서 권세를 빼앗긴다. 왕들은 권세의 한계를 모르고 임의로 행하고 단 11:3, 16, 36, 권세 남용을 위하여 거주민들의 도움을 받는다 단 11:14, 30, 32. 왕의 권세는 하나님이 정한 끝이 있고, 권세의 끝은 언제든지 일어날 수 있다 단 11:4, 19, 20, 45. 권세 남용의 절정에 성전이 있는 영화로운 땅을 더럽힐 것이지만 단 11:16, 41, 그것은 바로 멸망이 임박했다는 징조이다. 하나님의 "세우시고 폐하신다"는 원리에 따라 알렉산더 왕과 안티오쿠스 3세의 역사가 서술되었다. 영웅 알렉산더 대왕은 정복 전쟁으로 큰 성공을 거둔다. 영원할 것 같은 거대한 권세의 정점에서 알렉산더 왕은 갑자기 죽음을 맞이한다. 알렉산더 사후 권력투쟁으로 네 나라로 분리되는 것을 보면 권력의 무상함을 느낀다^{단 11:3-4}. 안티오쿠스 3세도 프톨레미 왕조와의 거듭된 전쟁에서의 승리로 이집트를 정복한다. 그러나 더 강력한 로마에 의해 역사의 뒤안길로 사라졌다. 그들 모두는 왕들을 "세우시고 폐하시는" 하나님의 손 안에 있는 피조물이었다^{단 11:10-19}.

주전 2세기 공동체의 관심은 자신들을 핍박하는 안티오쿠스 4세의 운명이었다. 11장에서 예언이란 안티오쿠스 4세 이전 왕들의 역사에 비추어 그의 미래를 예측하는 것을 말한다. 그는 가장 큰 신 제우스를 섬기면서 자신을 '신의 현현'을 뜻하는 안티오쿠스 에피파네스^{Theos Epiphanes-God manifest}라고 칭하고 높여 자만하며 신성모독의 길을 걸어왔다^{단 11:21-39}. 전쟁을 일으키며, 하나님의 거룩한 땅에서 성도들을 핍박하며, 세상을 정복하며 자기만족에 도취 되어있다. 그는 이전 왕들의 역사를 따라 종말로 달리고 있다. 하나님은 잠정적으로 그의 권세를 허락하시지만, 정한 때가 되면 그가 아무리 애쓸지라도 갑자기 멸망케 하실 것이다^{단 11:40-45}. 왕들이 자기 정체성을 알고 겸손히 하나님을 두려워함으로 백성을 섬기면 그의 날이 길 것이지만, 자신의 한계와 분수를 모르며 신을 대적할 때 종말에 이른다는 교훈을 준다.

이 긴박한 역사에서 안티오쿠스 4세의 핍박에 저항했던 두 그

룹이 대조된다. 한 그룹은 마카비 혁명을 주도한 자들이다. 이들 대부분은 속임수에 빠져 신실함을 버리고 배교背教, apostasy 위험에 봉착한 자들이다. 또 다른 그룹은 비폭력주의자로서 수동적인 저항을 한 지혜자들마스킬림이다. 이들은 신앙과 목숨의 양자택일에 있는 백성들이 하나님의 길을 선택하고 종말을 기다리게 했던 자들이다.

왕들이 자기 정체성을 알고 겸손히 하나님을 두려워함으로 백성을 섬기면 그의 날이 길 것이지만, 자신의 한계와 분수를 모르며 신을 대적할 때 종말에 이른다는 교훈을 준다.

11장을 전체적으로 보기

11장은 "진리의 글"단 10:21에 기록된 미래 예언이다. 현재 다니엘은 고레스 3년단 10:1에 예언을 전하고 있다. 그래서 고레스 3년 이전의 일인 다리오 왕의 이야기는 과거 시제로 말하고1절,[1] 고레스 3년 이후의 일은 미래 예언으로 말한다2절 이하. 그런데 공동체는 종말을 "세 때 반" 남겨 놓았을 때 이 예언을 듣게 될 것이다. 그래서 공동체의 입장에서 2-39절은 과거의 사건이며, 40-45절은 미래 예언이다. 2-39절은 다니엘 입장에서는 미래 예언이면서, 공동체 입장에서는 과거 예언이므

---

1 "내가 또 메대 사람 다리오 원년에 일어나 그를 도와서 그를 강하게 한 일이 있었느니라"(단 11:1).

11. 역사 속에 숨겨진 계시 (다니엘서 11장)

로 '사후 예언'이라 부른다. '사후 예언'의 목표는 과거 사건을 예언의 성취로 보고, 미래 예언도 반드시 성취될 것이라고 믿게 하는 것이다. 공동체는 2-39절이 이루어진 것을 확인하고, 40-45절도 반드시 일어날 것으로 확신한다. 그래서 11장은 다음 표와 같이 전개된다.

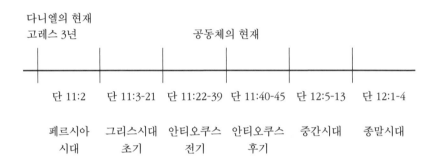

공동체에게 11장의 예언 내용은 다음과 같다.

　　A. 성취된 예언: 역사 속에 나타난 계시 (11:2-39)

　　　　1) 성취된 예언 1: 안티오쿠스 때까지의 왕들 (11:2-20)

　　　　　　① 고레스 이후 페르시아의 왕들 (2절)

　　　　　　② 알렉산더와 그의 제국 (3-4절)

　　　　　　③ 남방 왕과 북방 왕의 전쟁 (5-9절)

　　　　　　④ 안티오쿠스 3세의 활동 (10-19절)

　　　　2) 성취된 예언 2: 안티오쿠스의 과거 (11:21-39)

　　B. 성취될 예언: 안티오쿠스의 죽음 (11:40-45)

황폐한 성소에 주의 얼굴빛을 비추소서!

바사(페르시아)의 왕들 (2절)

다니엘은 고레스 이후 나타날 페르시아의 세 왕으로 캄비세스Cambyses, 주전 530-522, 가우마타주전 522, 그리고 다리우스주전 522-486를 가리킨다단 11:2. 넷째 왕은 아하수에르 왕Xerxes, 주전 486-465으로 세 왕보다 더 큰 부를 얻고 힘도 커져, 그리스 전체를 상대로 전쟁을 일으킬 것이다. 실제로는 아하수에르 왕의 공격으로 그리스의 도시국가들이 마케도니아 필립 왕을 중심으로 통일 나라를 이루게 된다.[2]

다니엘서에 나오는 연대기[3]

336-323년 마케도니아 알렉산더 대제의 통치

프톨레미 제국 (이집트)	셀류시드 왕조 (시리아)
323-285년 프톨레미 1세 라기	312-280년 셀류쿠스 1세
	280-261년 안티오쿠스 1세
285-246년 프톨레미 2세 필라델푸스	261-246년 안티오쿠스 2세
246-221년 프톨레미 3세 유에르게테스	246-226년 셀류쿠스 2세
	226-223년 셀류쿠스 3세
221-203년 프톨레미 4세 필로파테르	223-187년 안티오쿠스 3세 대제
203-181년 프톨레미 5세 필로메토르	187-175년 셀류쿠스 4세
181-146년 프톨레미 6세 필로메토르	175-164년 안티오쿠스 4세 에피파네스
	169년 성전 약탈
	167년 성전에 제우스 상을 세우다
	164년 안티오쿠스의 죽음과 성전 재봉헌

알렉산더와 그의 제국 (3-4절)

3-4절은 그리스 제국을 시작한 알렉산더 대왕의 역사이다. 고레스 3년 시점에서의 예언이기에 미래의 일에 해당하지만, 종말을 "세 때 반" 남은 시점에 있는 공동체에게는 과거의 일이다. "그때 한 강력한 왕으로 거대한 영토를 차지하고, 세상을 좌지우지할 왕"^{3절}은 그리스를 통일한 마케도니아의 알렉산더 대왕이다. 역대 최고의 권력 정점에 있지만 그의 죽음과 함께 나라는 동서남북 넷으로 나뉠 것이다. 그의 상속자들은 아무것도 얻지 못하고, 왕위도 계승하지 못하며, 왕위를 다른 이들에게 빼앗길 것이다^{3-4절}. 알렉산더 대왕은 주전 334년에 정복을 시작하고, 주전 323년에 죽음으로 마친다. 그가 정복한 나라들은 후계자들^{Diadochi}에 의하여 계승되어 네 나라로 나누인다: 그리스와 마케도니아 지역^{카산드라}, 소아시아 지역^{리시마쿠스}, 시리아^{셀류쿠스}, 그리고 이집트^{프톨레미}이다. 알렉산더 대왕도 하나님의 "세우시며 폐하시는"^{단 2:21} 권세 아래 있었다.

---

2   Hartman, L. & Di Lella, A., *The Book of Daniel* (AB 23; Garden City, N. Y.: Doubleday, 1978), 30.

3   Andres Steinmann, *Daniel* (Concordia commentary; Saint Louis, MO: Concordia Pub. House, 2008), 518-519.

황폐한 성소에 주의 얼굴빛을 비추소서!

프톨레미 제국과 셀류시드 제국의 전쟁 (5-9절)

프톨레미 제국 (이집트)	셀류시드 왕조 (시리아)
323-285년 프톨레미 1세 소테르 285-246년 프톨레미 2세 필라델푸스 246-221년 프톨레미 3세 유에르게테스	312-280년 셀류쿠스 1세 니카노르 261-246년 안티오쿠스 2세

여기서는 안티오쿠스 3세의 등장까지 남방 프톨레미 왕조와 북방 셀류시드 왕조의 대립을 서술한다. 남방 왕과 북방 왕은 팔레스틴의 지배권을 놓고 전쟁을 계속했다. 프톨레미 왕조는 프톨레미 1세 때 주전 301년에 팔레스틴으로 진출하고, 주전 198년까지 그곳을 다스렸다. 초기에는 프톨레미 왕조가 강했지만, 셀류시드 왕조의 셀류쿠스 1세가 시리아와 팔레스틴을 차지하면서, 프톨레미 왕조보다 더 강하고 더 큰 권세를 떨치게 된다[5절].[4]

반세기 후 프톨레미 2세는 셀류시드 왕조의 안티오쿠스 2세와 평화협정을 맺는다. 주전 250년에 안티오쿠스 2세는 프톨레미 2세와 결혼동맹을 맺고 버니스[Bernice]를 두 번째 아내로 삼는다[6절]. 안티오쿠스 2세는 첫 번째 아내 라오디케아와 이혼하고 그녀의 아들 셀류커스와 안티오쿠스를 왕위 계승에서 배제시켰다. 그러나 버니스의 아들이

---

[4]   Paul Reddit, 178-180.

왕위 계승을 받지 못한 채, 안티오쿠스 2세는 첫 번째 아내와 화해하고 죽음을 당한다. 이어서 버니스의 아들은 살아남지 못하고, 버니스와 그녀를 따라온 사람들은 배신을 당한다[6b]. 얼마 후에 버니스의 친정 아버지 프톨레미 2세가 죽고[주전 246년], 버니스의 형제 프톨레미 3세가 애굽에서 권세를 잡는다. 그는 누이의 원수를 갚기 위해 북쪽 셀류시드로 침략해서 대승을 거둔다. 양철 신상과 그것에 딸린 금은 장신구들을 모조리 수레에 싣고 이집트로 가져간다[7-8절]. 그리고 전력을 회복한 북방 왕이 남방 왕의 왕국을 침략하지만 결국 퇴각하고 말 것이다[9절].

안티오쿠스 3세 (10-19절)

프톨레미 제국 (이집트)	셀류시드 왕조 (시리아)
221-203년 프톨레미 4세 필로파테르 203-181년 프톨레미 5세 필로메토르	246-226년 셀류쿠스 2세 223-187년 안티오쿠스 3세 대제 187-175년 셀류쿠스 4세

이제 '대왕'이라고 불리는 안티오쿠스 3세가 등장하여 대군을 이끌고 이집트 정복을 위해 남쪽 요새로 쳐들어갈 것이다[10절]. 그러나 남방 왕 프톨레미 4세가 주전 217년에 라피아^{Raphia} 전투에서 그를 물리쳐 대

승을 거둘 것이다. 들판의 시체들을 다 치우기도 전에 피에 광분한 왕은 (그의 마음이 높아져서) 대학살을 자행할 것이다[11-12절]. 그러나 그의 승리는 오래가지 못할 것이다. 안티오쿠스 3세는 14년이 지난 후 더 큰 군대를 일으켜서 프톨레미 왕조를 공격하여 셀류시드 제국의 많은 땅을 되찾고 "위대한"이라는 칭호를 얻는다[13절]. 남방 왕을 치려는 여러 사람의 일은 이집트에서 일어난 반역을 가리킨다[14절]. 주전 207년부터 프톨레미 왕조의 통치에 반항하는 이집트 토착민들이 여러 사람 프톨레미 왕조에 반란을 일으켰다. 이런 상황을 기회 삼아 유다 사람들은 애굽의 지배에 반기를 든다. 그렇게 예언을 폭력으로 이루려다가 소란만 일으키고 결국 실패하고 말 것이다[14절].

다시 안티오쿠스 3세가 공격용 축대를 쌓고 프톨레미 왕조의 성을 함락함으로 남쪽 군대가 무너질 것이다[198년]. 프톨레미 왕조의 정예 부대도 안티오쿠스 3세의 공격을 이기지 못한다. 안티오쿠스 3세가 의기양양하게 정복지를 밟으며 자기 마음대로 행할 것이다. 마침내 그는 팔레스틴을 뜻하는 "영화로운 땅", 약속의 땅에 우뚝 서서 그 땅을 장악할 것이다[16절]. 그는 군사력을 이용하여 프톨레미 왕과 화친하고 딸을 주어 그 나라를 망하게 하려 하였지만, 그 계략은 실패할 것이다[17절]. 후에 안티오쿠스 3세가 주전 196~191년까지 해안 지역 헬라으로 관심을 돌려 많은 곳을 점령할 것이다. 그러나 주전 190년에 마그네시아에서 로마에 패함으로 그의 폭력은 끝날 것이다. 그의 폭력은 자신에게 돌아가고, 자기의 땅에서 군대를 일으키지만 전성기를 지났기에 금세 잊혀지고 말 것이다[19절]. 그는 로마에 지급해야 할 보물을 신전에서 약탈하다가 명예롭지 못한 죽음을 맞이한다.

안티오쿠스 4세의 즉위와 초기 지배 (주전 175-170) (20-24절)

안티오쿠스 4세가 등장한다. 비록 합법적인 왕의 자격이 없었는데 어떻게 왕이 되었는지 설명한다. 셀류쿠스 4세는 안티오쿠스 3세의 아들이자 후계자로서 주전 187-175년까지 통치했다. 그는 세금으로 백성을 착취해 영화를 유지하려고 하겠지만, 얼마 되지 않아서 비밀리에 재무장관 압제자-헬리오도루스 Heliodorus 에게 살해된다. 안티오쿠스 4세는 미천하고 악한 자인데 은밀한 술책으로 조카의 왕위를 찬탈할 것이다[21절]. 강력한 군대도 그에게 패할 것이며, 언약의 왕인 대제사장 오니야스 3세도 그렇게 될 것이다. 야손이 돈으로 매수하여 당대의 사독계 대제사장인 오니야스 3세를 쫓아내 살해한다. 이어서 또 메넬라우스가 뇌물로[23절, 약조] 야손을 쫓아내고 스스로 대제사장이 된다. 안티오쿠스 4세는 주변국과 동맹을 맺고 배교자로 불리는 헬레니즘 개혁가들과 합세하여 전권을 장악할 것이다. 그는 선전포고도 없이 비옥한 지방을 무참히 침공할 것이다. 추종자들과 함께 사치와 향락을 일삼는 모습은 그의 조상들이 상상도 못할 일이다[24절]. 요새를 침략할 계획을 세우지만, 통치 기간은 얼마 되지 않을 것이다. 안티오쿠스 4세의 행위는 "때가 이르기까지", 즉 그의 종말이 이르기까지 계속될 것이다.

황폐한 성소에 주의 얼굴빛을 비추소서!

안티오쿠스 4세의 이집트 원정과 박해 (25-31절)

셀류시드 왕들처럼 안티오쿠스 4세도 이집트 원정을 떠난다. 그가 프톨레미 왕을 치려 하지만, 프톨레미 왕도 강한 군대로 전쟁 준비를 할 것이다. 그러나 안티오쿠스 4세는 음모전을 할 것이기에 프톨레미 왕은 이기지 못할 것이다. 내부 배신자의 음모로 왕실이 혼란하게 되고, 군대는 대패하고 전장은 시체로 뒤덮일 것이다[26절]. 안티오쿠스 4세와 프톨레미 왕은 협상 테이블에서 만난다. 그들은 계략으로 거짓을 말할 것이기에 조약으로 양자가 얻는 것은 아무것도 없을 것이다. 하나님의 '정하신 때'가 아직 오지 않은 것이다. 안티오쿠스 4세는 전리품을 가지고 돌아가는 길에 거룩한 언약을 어긴다. 이는 주전 169년에 있었던 성전 약탈을 가리킨다.

> 안티오쿠스는 예루살렘으로 쳐들어가서 무엄하게도 성전 깊숙이 들어가서 금 제단, 등경과 그 모든 부속물, 제사상, 술잔, 그릇, 금향로, 휘장, 관 등을 약탈하고 성전 정면에 씌웠던 금장식을 벗겨 가져갔다. 또 금, 은은 물론 값비싼 기물들을 빼앗고 감추어 두었던 보물들을 찾아내는 대로 모두 약탈하였다. 공동번역, 마카비상 1:20-23

일 년 후, 안티오쿠스 4세가 남쪽을 재 침공하지만 1차 침공에 비해 성과는 훨씬 작을 것이다. 이집트 왕이 동맹을 맺은 로마군을 끌

어들여, 알렉산드리아를 포위한 안티오쿠스 4세에게 최후통첩을 한
다.[5] 곧 로마가 합세할 것이기에 안티오쿠스 4세는 낙심할 것이다. 결
국 그는 로마군에 쫓겨 고국으로 돌아가면서 주전 167-164년까지 배
교자들과 함께 유다에서 헬레니즘 개혁을 추진한다. 그가 분노했던
'거룩한 언약'이란 유대 백성들이 헬레니즘 개혁에 동조하지 않고 고
수하던 성경과 유대의 관습을 말한다.[6] 안티오쿠스 4세의 편에 선 자
들은 "거룩한 언약에 배반하는 자들"로 헬레니즘 개혁가들을 말한다.
그의 개혁은 어떻게 진행되는가? 왕은 주전 167년에 아폴로니우스
Apollonius 를 보내 예루살렘을 정복하고, 성전 언덕 남쪽에 수비대를 세
우고 성전 지역을 더럽히고, 매일 드리는 제사를 폐하였다. 주전 167
년 12월에 성전에 가증한 것을 세웠다 단 9:27; 마카비상 1:54. 제우스 신에게
바치기 위하여 돼지를 성전 제단에서 제물로 바치는 헬라식 종교개혁
이다.

배교자들과 신실한 자들 (32-35절)

—

안티오쿠스 4세는 거룩한 언약을 배신하고 악행하는 자들을 이용해

---

5   원래 깃딤은 지중해의 섬들과 해변을 말하는데 로마군으로 확장 해석되었다. "깃딤 해변에서 배
     들이 와서 앗수르를 학대하며"(민 24:24).
6   Paul Reddit, 182-183.

서 속임수로 하나님의 백성들을 타락하게 만들려고 하겠지만 그들은 저항할 것이다. 지혜 있는 지도자들은 하나님의 백성들에게 옳고 그름을 가르치지만 극심한 시련을 겪을 것이다. 살해되는 자들도 있고 화형에 처하는 자들도 있으며, 때로는 포로로 끌려가고, 약탈을 당하기도 할 것이다^{마카비상 1:57-61}. 학살이 계속되는 동안 마카비 혁명에 참여하는 자들로부터 조금의 도움을 받겠지만, 많은 사람들이 적군과 한패가 될 것이다^{34절}. 다니엘이 속한 지혜자 그룹^{마스길림}은 평화주의자들로 마카비 혁명에 호의적이지 않기 때문이다. 마카비 혁명군들은 여호와 신앙을 버리고 배교자들과 결합하게 될 자들이기 때문이다. 지혜자들 중에 학살당할 자도 있지만, 백성들은 단련받고, 순결하게 되며, 정결해질 것이다. 하나님이 정하신 끝 날이 오기까지 이런 일은 반복될 것이다.

안티오쿠스 4세에 대한 평가 (36-39절)

안티오쿠스 4세와 신들과의 관계가 서술된다. 그는 자기 좋을 대로 하며^{단 7:8; 8:10, 23}, 자신이 모든 신들보다 크다고 말한다. 괴상한 말로 신들의 신인 하나님을 대적하며 으스댈 것이다. 그가 잠시 형통하겠지만, 정하신 것을 반드시 이루실 하나님의 진노가 그의 형통을 끝낼 것이다. 그는 자기 조상들의 신들도 존중하지 않을 것이며, 여자들에게

11. 역사 속에 숨겨진 계시 (다니엘서 11장)

인기 있는 신들도 거부하고, 자신이 신들보다 더 위대하다고 으스댈 것이다. 조상들의 신이란 그리스에서 왕들과 그 민족들이 전통적으로 섬기던 신들을 가리키며, 여자들이 흠모하는 신이란 이집트와 중동에서 죽었다가 부활하는 신인 담무스Tammuz로 보인다.[7] 안티오쿠스 4세는 스스로를 신으로 여기면서 그의 이름을 나타난 신이라는 뜻의 안티오쿠스 에피파네스Theos Epiphanes-God manifest라고 붙였다. 이 모든 신들보다 더 뛰어나다고 여기는 신은 곧 안티오쿠스가 예루살렘 성전을 봉헌한 올림피아의 제우스 신이었다:

> 그리고 예루살렘의 성전을 더럽히고 그 성전을 올림피아의 제우스 신에게 봉헌하게 하고 그리심 산의 성소는 그 지방 사람의 소원대로 나그네의 수호신인 제우스에게 봉헌하게 하였다. 마카비하 6:2

그가 섬기는 제우스 신은 곧 요새의 신이다. 안티오쿠스 왕은 예루살렘에 세운 요새는 성전을 바라보고 안에 있는 것들을 조종할 수 있는 힘을 상징한다.

그리고 그의 군졸들은 강한 성벽을 높이 쌓고 튼튼한 망대를 세워서 다윗의 도시를 재건하여 자기네들의 요새로 삼았다. 그리고 죄 많은 이방인들과 유다인 반역자들을 그 요새에 배치하여 기반을 굳혔다. 또 무기와 식량을 저장하고 예루살렘에서 거둔 전리품을 그 곳에 쌓아두었다.

---

7 Paul Reddit, 186-187,

이렇게 하여 예루살렘을 크게 위협을 주는 성이 되었다. 예루살렘은 성
소를 위협하는 복병이 되었고, 이스라엘 사람들을 밤낮으로 괴롭히는 사
악한 원수가 되었다. 마카비상 1:33-36

왕은 다른 신들을 무시하고 제우스 신을 공경하면서 하나님의
경배 장소에 제우스 우상을 세우고 금과 은과 보석과 진귀한 것으로
화려하게 장식할 것이다. 안티오쿠스 왕은 이방 신의 깃발을 높이 들
고, 크고 견고한 산성들을 점령하면서 팔레스틴 땅을 짓밟는 합법성
을 부여받는다.[8] 신을 섬기는 자들에게 백성을 다스릴 권세를 주고,
뇌물을 받고 땅을 나눠주기도 하였다:

그리고 그들이 살던 온 영토에 타국인들을 데려다가 살게 하고 그들의
토지는 모두 타국인들에게 나누어주라고 하였다. 마카비상 3:36

안티오쿠스 4세의 종말 예언 (40-45절)

2절부터 39절까지는 다니엘 입장에서 미래 예언이지만, 주전 2세기
의 교회가 다니엘서를 읽을 때는 실현된 과거이며, 40절부터는 "마지

---

8   E. W. Heaton, *The Book of Daniel* (Torch Bible Commentary; London: SCM, 1956), 239.

막 때에"라는 말로 끝이 시작됨을 알린다. 이제부터 유대의 신실한 자들이 듣기 원하는 소식, 즉 안티오쿠스 왕의 종말에 관한 예언이 시작된다. 종말은 남방 왕과 북방 왕의 대결로 시작된다. 프톨레미 왕조가 선제공격하고 안티오쿠스 4세가 대대적인 보복으로 맞선다. 안티오쿠스는 전차부대와 기병부대와 대함대를 몰고 모든 것을 휩쓸며 내려올 것이다. "물이 넘침같이 지나간다"는 말은 이사야의 예언을 연상시킨다: "흘러 유다에 들어와서 가득하여 목에까지 미치리라"사 8:8. 이 과정에서 안티오쿠스는 영화로운 땅인 유다를 공격하여, 여러 사람을 죽일 것이다. 안티오쿠스의 군대와 연합한 에돔, 모압, 암몬 자손의 지도자들은 화를 면할 것이다41절. 그는 손을 뻗어 이 나라 저 나라를 집어삼킬 것인데, 이집트도 예외가 되지 못한다. 그는 이집트를 정복하여, 금, 은 보화를 모조리 긁어모으고, 이집트를 넘어서 리비아 사람과 에티오피아 사람들도 그에게 정복될 것이다42-43절. 권세와 영토 확장의 절정에 선 안티오쿠스의 종말에 관한 소식이 들려온다44-45절. 이것은 마치 앗수르의 산헤립 왕이 겪던 일과 유사하다사 37:7. 고향인 동쪽과 북쪽에서부터 들려오는 반란의 소식이 그를 당황 시킬 것이다. 그가 크게 노하여 많은 무리를 죽이며 멸망시키고자 달려가지만, 성공하지 못하고 지중해 바다와 예루살렘의 어디에서도 도움받지 못하고 끝을 맞이할 것이다. 이것은 적들이 하나님의 산에서 멸망된다는 예언과사 14:25; 겔 39:11, "그가 사람의 손으로 말미암지 아니하고 깨지리라"단 8:25는 예언의 성취이기도 하다.

안티오쿠스 4세의 죽음에 관해서는 다양한 견해들이 있다. 마카비상 6:1-17은 페르시아, 엘리마이스에 있는 성전을 약탈하다가 저지를 당하고 이 일로 우울증에 걸렸고, 임종 때에 자신의 불행과 죽음이 예루살렘 성전 약탈 때문임을 알게 되었다고 말한다. 마카비하 1:11-17는 페르시아 성전을 약탈하다가 속임수에 의하여 죽었고, 마카비하 9:1-29은 페르시아의 페르세폴리스의 성전을 약탈하다가 실패하고, 그 후 유대에 있는 그리스군의 실패를 듣고 유다로 진격하려다가 병을 얻었고, 죽을 때는 회개했다고도 한다. 폴리비우스 Polybius 는 왕이 자금이 필요해서 엘리마이스의 성전을 약탈하려고 시도하다가 실패하고, 페르시아의 타베 Tabea 에서 미쳐 죽었다고 말한다. 이처럼 자료마다 안티오쿠스에 대한 역사와 해석이 섞여 있다. 그러나 공통적으로 안티오쿠스 4세가 페르시아에 원정을 떠나 성전 약탈을 시도하다가 실패한 것으로 본다. 그 후 갑작스러운 병을 얻어서 죽었을 것이다.[9] 그가 죽기 전에 마카비에 의한 성전 회복의 소식을 들었는지는 불확실하다. 다니엘서는 일관성 있게 안티오쿠스 4세가 하나님이 부여하신 권세를 남용하고 신성모독을 행하다가 이전 왕들처럼 권세의 절정에서 죽을 것이라는 예언이 성취되었다고 말한다.

9   Lucas, 291.

포로 시대와 팬데믹 시대:
통치자 위에 계신 하나님을 기억하라

하나님의 눈으로 보면 신앙인들에게 닥친 위기는 전혀 새로운 것이 아니다. 그렇기에 신앙인들은 한 번도 가보지 않은 길을 내딛으면서도 숨겨진 계시를 통해 하나님께서 하실 일을 기대하게 된다. 주전 2세기 성도들에게 왕들의 역사는 하나님께서 "세우시고 폐하시는" 역사일 뿐이다. 당대의 영웅인 알렉산더 대왕이나 안티오쿠스 3세도 하나님의 손안에 있는 피조물에 불과했다. 인류 역사상 최고로 악한 왕 안티오쿠스 4세도 신앙인들에게 낯설지 않다. 안티오쿠스 4세 같은 권력자들은 속임수로 왕위를 찬탈하고 백성을 거짓으로 미혹하며, 예루살렘 성전을 훼파하고 백성들을 타락하게 만듦으로 신성모독에 이른다. 그들은 전쟁을 일으키며, 거룩한 땅에서 성도를 핍박하며, 자기만족에 빠져 권력의 정점에 이른 어느 시점에서 돌연히 멸망한다. 교회는 역사에서 그런 왕들의 폐위를 반복해서 목격했다. 그들의 나라가 사람의 손에 의하지 않고 갑자기 멸망하듯이, 왕의 종말도 곧 이를 것이다. 그러므로 성도들은 칠흑같이 어두운 밤이 와도 두려워할 필요가 없다. 하나님의 승리 역사를 기억하면서 믿음으로 핍박의 날을 견뎌야 한다. 계속해서 통치자 위에 계신 하나님을 보며, 하나님의 뜻에 따라 믿음을 지키고 하나님이 통치하시는 그분의 나라를 기다려야 한다. 위기의 시대에 신실한 신앙인들은 목숨을 걸고 배교의 유혹에

저항하며 믿음으로 신앙의 순결을 지켰다.

　　팬데믹 시대에 기독교는 어느 때보다도 공권력을 가깝게 경험했다. 공권력은 팬데믹 시대에 기독교에 방역의 실패 책임을 떠넘길 대상으로 보았다. 이에 대해서 다양한 기독교의 교파와 교회들은 연합하여 공권력에 한 목소리로 대응해야 한다. 공권력이 공정하게 정책 결정을 하도록 감시하며 비판하는 것이 교회의 역할이다. 동시에 공공선을 위한 기독교 책임을 의식하면서 힘들게 위기를 헤쳐나가는 백성들과 함께해야 한다. 국가는 자신의 권력에 의지하여 자기 절대화의 길을 걸으며 종교 영역까지 침투하여 조종하고 달래고 억압까지 한다. 그러나 성도들은 통치자의 권위를 존중하지만, 그를 세우기도 하고 폐하기도 하시는 하나님의 주권에 주목해야 한다. 교회와 성도를 위협하는 불의한 통치자의 종말이 정해져 있음을 깨닫고 하나님의 승리하신 역사를 기억하며 사람들을 옳은 길로 인도하며 두려움 없이 믿음으로 살아야 한다.

1 페르시아와 그리스의 역사에서 나타나는 왕들의 역사를 이렇게 자세하게 언급하는 이유는 무엇인가?

2 왕들의 역사에서 공통으로 깨달을 수 있는 영적 교훈은 무엇인가?

3 이스라엘을 핍박하는 안티오쿠스 4세의 과거, 현재, 미래에 대하여 무엇을 말하고 있는가?

4 핍박을 받는 이스라엘 백성들이 이 예언을 듣고 어떤 생각을 했겠는가?

당신의 신비

김 계 환

땅의 경계를 정하시는 이가
왕들을 세우리니
세워진 왕들이 풍요하리니
허락하시나니 묶인 끈을 보라

강을 불러 머리를 맞대게 하시고
산에게 이르러 소리치게 하시니
나르던 솔개가 놀라리라
땅에 모든 것이 당신의 손에 붙어있으니

성에 견고함도
병사의 투지도
왕의 결심도
당신의 신비에 매여 있으니

11. 역사 속에 숨겨진 계시 (다니엘서 11장)

왕으로 부끄럽게 하시는 이가

비천한 노래를 어깨에 주시니

물 같은 병사를 풀어 놓으시니

하늘에 매인 끈을 보라

기름진 곳을 말리시고

아름다운 노래를 닫으시리라

가득하던 소들이 놀라리라

우로, 좌로 당신의 기운만 가득하니

그날에는 견디지 못하리라

배는 뒤집히고 물은 성나며

철은 녹아내리리라

비로소 신비한 당신을 알리라

Pre.

〈**최후의 심판, The Last Judgment**〉 미켈란젤로 (Michelangelo, 1534-1546) ☞ 이미지출처 : https://commons.wikimedia.org/

역사의 종말을 기다리며
(다니엘서 12장)

다니엘서는 종말에 관한 책이다. 임박한 위기 앞에 서 있는 백성들에게 종말에 관한 청사진을 제시함으로 위기를 극복하도록 돕는다. 이제 12장은 역사의 종말에 어떤 일이 일어나는지를 보여준다. 이 예언을 통해 이스라엘 백성들은 위기가 끝나면 반드시 역사의 종말이 올 것이다. 그러나 역사의 주권은 하나님에게 있기에 또 다른 역사를 맞이할 수 있다. 그것을 중간시대라고 부른다.

기를 극복할 힘을 얻는다. 위기가 끝나면 반드시 역사의 종말이 올 것이다. 그러나 역사의 주권은 하나님에게 있기에 또 다른 역사를 맞이할 수 있다. 그것을 중간시대라고 부른다. 즉, 중간시대는 '위기의 종말'과 '역사의 종말' 사이에 있는 시대이다. 12장에서 다니엘은 '위기의 종말'인 안티오쿠스의 죽음과 궁극적인 '역사의 종말' 사이에 다시 종말을 기다려야 할 중간시대가 있음을 깨닫는다. 그래서 '역사의 종말'을 경험하지 못한 신앙인들은 역사의 단계가 다음과 같음을 알게 된다.

위기의 종말 (단 11:40-45)
역사의 종말 (단 12:1-4)
중간시대 (단 12:5-13)

이제 '역사의 종말'과 종말 이전의 중간시대에 대하여 살펴보기로 하자.

역사의 종말 (1-4절)

다니엘서에서 '역사의 종말'을 이해하려면 7장과 12장을 함께 보아야 한다. 7장은 이스라엘 백성들이 작은 뿔에게 핍박을 받은 후에 하나님의 나라가 도래하고 인자 같은 이가 그 나라를 통치할 것을 계시한다. 12장에서는 큰 군주 미가엘의 등장과 전쟁, 환란과 구원, 그리고 부활 후의 영생과 영벌 등의 계시가 나온다. 1절의 "그때"는 안티오쿠스의 죽음이 촉발하는 종말론적인 전쟁의 때를 말한다. 안티오쿠스 왕같은 역할은 다니엘서에서 반복되어 나타났고^{작은 뿔(단 7:8, 11)}, 신약에서도 언급된다^{불법의 사람/멸망의 아들(살후 2:3), 한 짐승(계 13:1)}. 많은 왕들의 죽음 후에 또 다른 시대가 와서 지연될 수 있지만 종말은 반드시 온다. '역사의 종말'에는 마지막 왕의 죽음과 함께 신들의 전쟁이 동반될 것이다. 이스라엘의 수호신 천사장 미가엘이 치룰 전쟁은 하나님 나라의 도래 전에 마지막으로 치러야 할 수호신과의 싸움이다. 10장에서 그가 바사군^{페르시아군}과의 전투를 치렀고 헬라군과의 싸움을 남겨 놓았다^{단 10:20}. 헬라군과의 전쟁 이후는 요한계시록에 언급되는데, 남은 전쟁은 미가엘과 그의 사자들이 사탄과 벌이는 전쟁으로 1,260일^{계 12:6} 또는 한 때와 두 때와 반 때^{계 12:14}에 일어난다.

> 하늘에 전쟁이 있으니 미가엘과 그의 사자들이 용과 더불어 싸울 새 용
> 과 그의 사자들도 싸우나 이기지 못하여 다시 하늘에서 그들이 있을 곳

을 얻지 못한지라 큰 용이 내쫓기니 옛 뱀 곧 마귀라고도 하고 사탄이라

고도 하며 온 천하를 꾀는 자라 그가 땅으로 내쫓기니 그의 사자들도 그

와 함께 내쫓기니라. 계 12:7-9

이어서 언급하는 것은 개국 이래 전무했던 환란인데, 예레미야

서에서 뿐 아니라,[1] 예수께서도 종말의 징조로서 언급하셨다: "이는

그 때에 큰 환난이 있겠음이라 창세로부터 지금까지 이런 환난이 없

었고 후에도 없으리라" 마 24:21.

하나님은 이 환란에서 당신의 백성들을 구원하실 것이다. 예수

께서는 다니엘서 7장에 나타난 예언대로 환란 후에 인자가 등장할 것

을 말씀하신다: "그날 환난 후에 … 인자의 징조가 하늘에서 보이겠

고... 그들이 인자가 구름을 타고 능력과 큰 영광으로 오는 것을 보리

라" 마 24:29-31. 이 구원은 하나님의 전폭적인 능력으로 이루어지지만,

모든 이스라엘 백성이 다 구원받는 것이 아니다. 이스라엘 백성 안에

서 구원받는 자와 구원받지 못하는 자가 나누어진다. 구원받는 자는

환란중 믿음을 지켜 생명책에 기록된 자들로서 하늘 나라 시민 자격

을 얻는다 출 32:33; 시 69:28; 말 3:16; 눅 10:20; 계 3:5; 20:12. 그러나 생명책에 기록되

지 못한 자는 불못에 던져질 것이다 계 20:15.[2]

2절은 환란 중에 구원이 어떻게 이루어지는지 설명한다. 이스

라엘 민족이 구원을 얻지만 백성들은 영원한 생명을 얻는 자와 영원

---

1 "슬프다 그 날이여 그와 같이 엄청난 날이 없으리라 그 날은 야곱의 환난의 때가 됨이로다. 그러나 그가 환난에서 구하여 냄을 얻으리로다"(렘 30:7).

2 Stephen R. Miller, *Daniel* (NAC; Nashville, Tenn.: Broadman & Holman, c1994),

한 죽음을 당하는 자로 나뉘게 될 것이다. 2절의 부활은 구약에서 처음 언급되는 개인적인 부활이며, 민족적인 부활^{사 26:19}에서 발전된 사상이다. 원래 이스라엘 백성들은 죽음에서 돌아올 수 없다고 생각했다^{욥 14:12; 렘 51:39, 57; 암 5:2}. 그 가운데 기적적으로 죽음에서 돌아온 이야기들이 존재했고^{왕하 4:18-35; 왕하 13:20-21; 호 6:2} 에스겔은 민족의 부활 가능성을 말했다^{겔 37:1-14}. 초대 교회에 이르기까지 유대인들은 종말에 이루어질 민족적 부활 신앙을 가지고 있었는데^{사 26:19; 요 11:24}, 예수께서 종말에 있을 부활 신앙의 첫 열매로서 부활하셨다^{고전 15:20}.

특히 아직 부활하지 않은 사람들을 "땅의 티끌 가운데 자는 자"로 표현한 것이 주목된다. '죽음'을 '잠'으로 표현한 이유는 '잠'을 부활을 준비하는 기간으로 보기 때문이다.[3] 일반적으로 성경은 육체적인 죽음의 상태를 "잔다"고 표현한다^{요 11:11-14; 행 7:60; 살전 4:13; 고전 15:51}. 인간이 죽으면 육체는 무덤으로 가고 성도의 영혼은 낙원에서 하나님을 만나지만^{고전 5:8; 빌 1:21-23}, 불신자는 음부에 이를 것이다. 영혼은 죽지 않고 하나님과 함께 있고, 육체는 무덤에 잠든 상태로 기다리다가 마지막 때에 영혼과 하나가 되어 부활을 맞이한다^{고전 15:51-55}. 부활을 "많은 사람이 깨어난다"라고 표현하는 것을[4] 요한복음은 다음과 같이 이해한다:

Joyce G. Baldwin, *Daniel* (Leicester/Downers Grove: Inter-Varsity Press, 1978), 204.

4 "많은"이라는 단어는 세 가지 뜻으로 해석할 수 있다. 첫째, "많은"이라는 단어가 "모든"이라는 뜻을 가짐으로 이 본문이 보편적인 구원을 의미하는가? 둘째, "많은"이라는 뜻이 "모든"이라는 뜻은 아니지만 영생을 받는 자와 수치를 당하는 자를 포함하는 부분적인 뜻인가? 셋째, "많은"이라는 뜻은 영생을 얻는 자만을 의미하는가?

황폐한 성소에 주의 얼굴빛을 비추소서!

이를 놀랍게 여기지 말라 무덤 속에 있는 자가 다 그의 음성을 들을 때가

오나니, 선한 일을 행한 자는 생명의 부활로, 악한 일을 행한 자는 심판의

부활로 나오리라. 요 5:28-29

　　이 본문에 의하면 무덤 속에 있는 자, 곧 땅의 티끌 가운데에서

자는 모두가 부활할 것이다. 즉 "많은 사람"을 '모든 사람'으로 이해하

고 있다.[5] '모든 사람들'이 "다" 깨어나서 생명의 부활과 심판의 부활

로, 영원한 생명을 얻을 자와 영원한 부끄러움을 경험할 자로 나누일

것이다. 즉, 부활은 악한 자나 선한 자 모두에게 찾아오는데, 영생인지

영원한 수치인지만 다를 뿐이다.

　　3절의 "지혜 있는 자"마스길림는 이사야서의 고난 받는 종의 역할

과 유사하다:[6]

나의 의로운 종이 자기 지식으로 많은 사람을 의롭게 하며 또 그들의 죄

악을 친히 담당하리로다. 사 53:11

보라 내 종이 형통하리니 받들어 높이 들려서 지극히 존귀하게 되리라.

사 52:13

5　Baldwin, *Daniel*, 204.

6　긴스버그(H. L. Ginsberg)는 이 구절을 이사야서 53장에 나타나는 종의 노래와 관련을 시켜 종의
　　노래에 대한 가장 오래된 해석으로 규정하고, 많은 사람을 옳은 데로 돌아오게 하는 일을 구속사
　　역의 효과로 여겼다. H. L. Ginsberg, "The Oldest Interpretation of the Suffering Servant," *VT* 3
　　(1953): 400-404.

백성 중에 지혜로운 자들이 많은 사람을 가르칠 것이나 그들이 … 몰락

하리라 … 연단을 받아 정결하게 되며 희게 되어 마지막 때까지 이르게

하리니. 단 11:33-35

지혜 있는 자는 궁창의 빛과 같이 빛날 것이요 많은 사람을 옳은 데로 돌

아오게 한 자는 별과 같이 영원토록 빛나리라. 단 12:3

고난 받는 종은 자신의 지식 다아트 으
로 많은 사람을 의롭게 함으로 그들의 죄
악을 친히 담당하는 대속의 사역을 감당
하고, 그 후에 높이 들려 지극히 존귀하게
되었다. 12장에서 지혜로운 자의 사역은
많은 사람들을 옳은 데로 돌아오게 하는
것이다 3절. 지혜로운 자들은 안티오쿠스의

> 고난 받는 종은 자신의 지식
> (다아트)으로 많은 사람을 의
> 롭게 함으로 그들의 죄악을
> 친히 담당하는 대속의 사역을
> 감당하고, 그 후에 높이 들려
> 지극히 존귀하게 되었다.

핍박에도 많은 사람에게 진리를 가르치다가 몰락한다. 이로 인하여
백성들은 연단되고, 정결케 되며, 희게 된다 11:35. 하나님은 그들을 별
과 같이 영원토록 빛나게 하신다. 그들은 넘어질지라도 역전될 것이
다. 이러한 지혜로운 자의 역전 사상은 신약에도 등장한다: "그 때에
의인들은 자기 아버지 나라에서 해와 같이 빛나리라" 마 13:43. 본문은
지혜있는 자가 "많은 사람을 옳은 데로 돌아오게 하는 것"과 "별과 같
이 빛나는 것" 사이에 순교의 가능성을 암시한다. 지혜로운 자들의 사
명은 다니엘의 세 친구처럼 "그렇게 하지 아니하실지라도"의 신앙으
로 많은 사람들을 옳은 데로 돌아오게 하는 것이다. 그들이 순교한다

면 죽음으로 더욱 정결해질 것이고, 죽음 이후에 오는 부활 가운데 영생을 얻게 될 것이다. 지혜로운 자들은 죽음을 두려워하지 않았으며 영생을 경험하며, 영원토록 빛나게 되기를 갈망했다.[7]

4절 전반부에서 하나님은 다니엘에게 마지막 때까지 이 말을 간수하고 이 글을 봉함하라고 명령하신다. 다니엘이 받은 모든 계시는 지금이 아니라, 마지막 때가 임박했을 때 공동체에게 필요한 계시이기 때문이다. 다니엘은 고레스 3년에 이 계시를 처음 받았지만, 종말이 "세 때 반" 남은 시점에 공동체에게 전달되도록 해야 한다. 4절 후반부는 '곧' 많은 사람이 빨리 왕래하며 지식이 더할 것이라고 말한다. 이 본문에서 학자들은 "지식"을 '악'으로 보는 것이 적절하다고 한다.[8] "빨리 왕래한다"는 말은 사람들이 신앙의 길과 배교의 길을 오간다는 뜻이다. 종말이 가까울수록 악의 세력은 더욱 강성해지고, 사람들은 목숨을 걸어야 하는 토라 신앙보다는 목숨을 유지하기 위해 악의 길을 선택할 것이다. 그래서 옳은 길로 인도하는 지혜자의 역할은 날로 가중될 것이다. 지혜자는 환란이 강할수록 '역사의 종말'이 임박하기에 옳은 길을 선택해야 한다는 것을 안다. 그는 죽음을 감내하

> 지혜자는 환란이 강할수록 '역사의 종말'이 임박하기에 옳은 길을 선택해야 한다는 것을 안다

며 신앙의 길에 굳게 서서 영생을 얻고, 연약한 신앙인들을 옳은 길로 인도함으로써 장차 하나님의 나라에서 별과 같이 존귀하게 여김을 받

---

7   Stephen R. Miller, *Daniel* (NAC; Nashville, Tenn.: Broadman & Holman, c1994).
8   히브리어 성경에서 BHS 편집자는 '지식'이라는 단어를 '악'이라는 단어로 수정할 것을 제안한다. '지식'으로 번역할 경우 본문의 문맥이 모호해지지만, '악'이라는 단어를 선택할 경우 뜻이 명확해진다.

을 자들이다.

종말을 기다리는 중간시대 (5-13절)

———

다니엘은 지금까지 힛데겔 강가에서 하나님의 현현을 경험하며[단 10:4-11:1], 고레스 3년 이후부터 '역사의 종말'까지의 긴 예언[단 11:2-12:4]을 천사의 도움으로 마쳤다. 그리고 다시 힛데겔 강가에 섰다. 다니엘의 예언은 고레스 3년 이후의 페르시아 시대부터 그리스의 마지막 왕 안티오쿠스의 폐망과 '역사의 종말'까지의 역사이다. 또한 개인적으로는 69년의 포로생활을 보내고 70년이 1년 남은 시점에 지연된 '역사의 종말'을 기다리는 공동체의 일원으로 서 있었다. 개인적인 다니엘의 종말은 13절에 나오는데, 중간시대에 마지막을 기다리며 평안히 쉬다가 끝 날에는 자신의 몫을 누릴 것이라는 천사의 소리를 듣는다. 즉, 죽음 이후 '역사의 종말'에 찾아올 부활에 동참할 것이라는 이야기를 들은 것이다.

다니엘의 개인적 종말인 13절을 제외한 5-12절은 위기를 극복하고 '역사의 종말'을 기다리며 중간시대를 살아가는 공동체를 위한 계시이다. 다니엘은 힛데겔 강가에서[단 10:4] 두 천사와 세마포를 입은 자를 목격하고, 8장에서 다니엘은 훼파된 성소가 언제 회복되는지에 대한 두 천사의 소리를 들었다[단 8:13-14]. 이번에는 천사의 질문과 세마

황폐한 성소에 주의 얼굴빛을 비추소서!

포 입은 자의 맹세 소리를 듣는다.[9]

이 놀라운 일은 언제 끝납니까? 단 12:6

반드시 한 때 두 때 반 때를 지나서 성도의 권세가 다 깨지기까지이니 그
렇게 되면 이 모든 일이 다 끝나리라. 단 12:7

이 질문과 대답은 고레스 3년에 다니엘이 안티오쿠스의 종말
을 아직 앞에 둔 공동체를 위한 말씀이다. "놀라운 일"은 이스라엘 백
성을 향한 안티오쿠스의 극악한 행동을 말한다 단 8:24; 11:36. 질문은 안
티오쿠스 핍박의 종료에 대한 것이다. "놀라운 일의 끝"과 "성도의 권
세가 깨어지기까지"는 같은 내용의 반복이다. "성도의 권세가 깨어진
다"는 것은 이스라엘이 안티오쿠스에 의해 철저한 패배의 고난을 당
한다는 뜻이다 단 7:25; 8:9-12. 즉, 고난의 끝을 말한다. 결론적으로 이 질
문과 대답은 새로운 것이 아니다. 이미 7-12장에서 언급된 안티오쿠
스의 핍박의 끝과 성도의 고난의 끝에 관한 것이다. 남은 기간은 "한
때 두 때 반 때"로 정해졌다.

다니엘은 여전히 그들의 대화를 이해하지 못하고 모든 일의 결
국을 다시 묻는다[8절]. 대답은 두 가지이다. 첫째, "이 말은 마지막 때까
지 간수하고 봉함할 것임이니라"[8절]는 4절의 반복이다. 천사는 이해

---

9   이 음성을 위한 증인으로 두 천사가 등장한다. 한 천사는 강 이쪽 언덕에 있고 하나는 강 저쪽 언
     덕에 서서 세마포를 입은 자의 맹세에 대한 증인의 역할을 한다(신 19:5). 맹세를 위하여 손을 드
     는 것은 일반적인 관습인데(창 14:22; 신 32:40; 계 10:5-6), 세마포 입은 자가 두 손을 들고 영원
     히 살아 계시는 이를 가리켜 맹세하는 것은 말한 것이 진실이라는 확신을 드러낸다.

하지 못하는 다니엘에게 더 이상 설명하지 않는다. 그 대신 "세 때 반"이 남을 때까지 이 계시가 감추어질 것을 강조한다. 다니엘의 이해와 관계없이 마지막에 성도들이 읽을 때에 계시가 드러날 것을 전제한 것이다. 다니엘이 이해하지 못해도 그는 자신이 받은 환상과 해석을 장차 고난을 당할 공동체에게 전달해야 한다. 둘째, 지혜로운 자의 정체성을 강조한다. 지혜로운 자들은 곧 "연단을 받아 스스로 정결하게 하며 희게 할 것이다" 단 11:33-35; 12:10 . 악한 사람은 반복하는 악행에도 아무것도 깨닫지 못하지만, 지혜로운 자들은 깨달을 것이다. 천사는 둘 사이에서 지혜로운 자의 길에 설 것을 촉구한다. 지혜로운 자들은 악인들로부터 자신을 구별하여 순교를 각오하고 신앙의 정절을 지키는 자들이다. 공동체는 마지막 때에 지혜로운 자의 길에 서는 것이 중요하다. 천사는 더 이상 다니엘에게 설명하지 않는다. 공동체가 다니엘이 남긴 환상과 해석을 이해할 때가 오기 때문이다.

> 천사는 둘 사이에서 지혜로운 자의 길에 설 것을 촉구한다. 지혜로운 자들은 악인들로부터 자신을 구별하여 순교를 각오하고 신앙의 정절을 지키는 자들이다.

마지막 11-12절은 '위기의 종말'을 경험한 공동체가 '역사의 종말'을 산출하려는 시도를 보여준다.

매일 드리는 제사를 폐하며 멸망하게 할 가증한 것을 세울 때부터 천이백구십 일을 지낼 것이요 기다려서 천삼백삼십오 일까지 이르는 그 사람은 복이 있으리라. 단 12:11-12

황폐한 성소에 주의 얼굴빛을 비추소서!

"매일 제사를 폐하며 멸망하게 할 가증한 것을 세울 때"는 핍박이 절정인 때로써 "세 때 반"의 출발점이다. 이 시점부터 마지막 때까지의 기간은 이미 주어졌다: 한 때, 두 때, 반 때[단 7:25], 2,300주야[단 8:14], 반 이레[단 9:27]. 그런데 12장에서 1,290일과 1,335일이라는 두 개의 숫자가 다시 주어진다. 공동체는 안티오쿠스 왕의 핍박을 경험하면서 '역사의 종말'의 시기에 큰 관심을 가졌다. 마지막 남은 때에 대해 안티오쿠스의 핍박이 시작된 주전 167년 12월 7일부터 계산하여 이미 1,150일[2,300주야]이 제시되었고, 유다 마카비에 의한 성전 청결로 예언이 성취되었다. 그러나 이는 군사적인 성취일 뿐 '역사의 종말'은 아니다.[10] 다시 163년 6월 21일[1,290일 후]에 토라 준수가 이루어졌다고 하지만 이것도 역사의 종말은 아니었다. 다시 제시된 1,335일은 그 후에 찾아올 '역사의 종말'을 상징하는 시간이다. 즉, '위기의 종말'은 성취되었지만 완전한 '역사의 종말'은 이루어지지 않았기에 그때까지의 기간을 1,335일로 표현한 것이다.

'역사의 종말'은 예언대로 반드시 올 것이다. 7장을 통해 그 날에 하나님의 심판, 짐승[나라들]의 멸망, 그리고 인자의 도래가 있음을 알게 되었다. 12장을 통해서는 천사들의 영적인 전쟁, 믿음을 시험하는 환란, 책[생명책]에 기록된 자들의 구원, 영생으로의 부활 등이 순차적으로 진행될 것을 알게 되었다. 신앙인들에게 종말에 관한 계시는 환란에도 믿음을 지키고, 부끄러운 부활이 아니라 영생의 부활에 대한 기대를 주기 위함이다. 위기 앞에서 많은 사람들이 생명의 위협 때문에

---

10 Redditt, 196-197.

배교의 길에 들어선다. 예기치 못한 위기가 오더라도 신앙인이 지켜야 할 원칙은 변함없다. 배교하는 사람들이 허다해도 신앙을 포기하지 않고 진리의 길을 선택하며 또한 많은 사람들을 옳은 데로 돌아오게 해야 한다. 그들에게는 하늘의 별과 같이 영원토록 빛나는 영광이 약속되어 있기 때문이다.

포로 시대와 팬데믹 시대: 종말의 신앙

—

팬데믹 시대에 경험하는 자연재해는 신앙인들이 창조주 앞에서 다시 옷깃을 여미게 한다. 위기를 극복하는 것도 중요하지만, 더 중요한 것은 위기가 가리키는 역사의 종말을 진지하게 받아들이는 것이다. 종말 신앙은 우리들이 피조물이라는 인간의 본질을 깨닫게 한다. 오늘이 종말인 것처럼 살고, 연장된 시간은 은혜로 알고 축제의 시간으로 받아 누린다. 즉, 종말 신앙의 핵심은 종말의 때를 계산하는 것이 아니다. 하나님의 주권 아래 있는 종말을 기다리며 하루하루를 믿음으로 사는 것이다. 종말을 기다리며 하나님의 편에 선 자들은 연단을 받아 스스로 정결하고 희게 될 것이다. 그들은 죽음 너머 세상에 희망을 둘 뿐 아니라, 매 순간의 은혜를 누리며 살아갈 수 있다. 비록 아직 끝나지 않은 위기의 산들이 남아있지만, 종말에 대한 신앙으로 함께 위로하고 격려하면서 소망을 잃지 않고 하루하루를 믿음으로 살아간다.

12장 이해를 위한 질문들

1 '역사의 종말'은 어떻게 시작되는가?

2 '역사의 종말'에 어떠한 일들이 일어나는가?

3 '역사의 종말'을 기다리는 신앙인들은 무엇을 해야 하는
   가?

끝날

김 계 환

큰 군주로 명하시어
나라가 열린 이후로 없었던
크신 위엄을 보이시리라
봉인된 숫자를 펼치시리라

어떤 이에게는 들림이요
어떤 이에게는 수치라
만국의 티끌을 불러올리시니
처음부터 정하신 날이라

기억하는 자들에게
궁창의 빛을 주시고
옳은 자들에게
별이 되게 하시리니

12. 역사의 종말을 기다리며 (다니엘서 12장)

봉하신 날이니

작은 지혜로 알 수 없어라

더한 지식도 셀 수 없어라

끝날 까지 간수하신 약속이라

강이 울도록 물어라

좌우 손을 들어 애쓸지라도

정하신 봉인은 열 수 없어라

가리어진 수만 셀지라

희게 하실 날이라

복이 있을 날이라

몫을 찾을 날이라

정하신 끝날을 기다릴지라

Pre.

결론

포로 시대와 팬데믹 시대를 위한
다니엘서 읽기

코로나는 지금까지 경험한 자연재해의 끝판왕으로 이 사회와 교회에 큰 충격을 주었다. 그러나 코로나는 향후 인류가 직면할 팬데믹 시대의 시작일 뿐이다. 포로 시대와 팬데믹 시대를 위하여 다니엘서는 우리가 살아갈 근본적인 원리들을 제시한다.

제 1원리	포로를 현실로 받아들이기
제 2원리	신앙의 본질로 승부하라
제 3원리	교회와 국가와의 관계
제 4원리	포로와 종말 신앙
제 5원리	포로에서 회복을 기다리는 신앙
제 6원리	포로들과 더불어 살아가기

제 1원리는 포로를 현실로 받아들이는 것이다. 포로의 현실은 받아들이기 어렵지만, 그것도 내 삶의 일부이다. 포로는 심화된 고난과 같다. 시편과 욥기에서 나타난 고난이 포로살이를 통해 신앙인들을 더 강하게 연단시켰다. 포로의 현실은 신앙인들을 세상의 중심center 이 아니라 변방margin으로 이동시킨다. 힘을 상실하고 약해진 변방에서 세상과 소통하기를 요청한다. 타자를 위해 존재했던 예수 그리스도의 삶을 따라 변방에서 세상을 섬기는 복된 자리로 초청되었다.

제 2원리는 신앙의 본질로 승부하라는 것이다. 포로 시대와 팬데믹 시대에 낡은 전통이 사라질 때 비본질적인 것을 거부하고 숨어 있던 신앙의 본질로 승부해야 한다. 새 시대는 본질적인 것에 기초하여 전진해야 한다. 외부적으로는 하나님 나라의 가치와 배치되는 세상에 맞서 하나님을 주인으로 선포해야 한다. 포로 시대의 위기와 불이익에도 불구하고 신앙의 마지노선을 지키며 성도의 정체성을 유지해야 한다. 국가의 부당한 요구에 굴하지 말고, 갑질하는 경쟁자의 음모에도 견뎌야 한다. 신앙의 본질이 만들어가는 하나님 나라를 기대하며 일상의 삶에 충실해야 한다.

제 3원리는 교회와 국가의 관계이다. 국가는 제국과 통치하는 왕을 상징한다. 교회에게 국가란 양면성을 지닌다. 한편으로 국가는 하나님으로부터 오는 권세를 가졌기에 신앙인들은 순종해야 한다. 반면에 국가의 본질은 하나님의 나라와 배치되기에 교회와 갈등을 겪을 때가 많다. 국가는 통치의 권세를 가졌지만, 국가 위에 있는 하나님의 권세 아래 있는 제도이다. 교회는 국가가 정의와 공의를 행하도록 격려와 비판의 역할을 해야 한다. 특히 국가가 교회의 지성소를 공격할 때 교회는 저항하고 신앙의 권리를 지켜야 한다. 교회가 더 적극적으로 국가와의 원만한 관계를 유지할 때 성도들의 안정된 신앙생활이 가능해진다.

제 4원리는 포로의 끝이 있음을 기억하는 종말 신앙이다. 포로라는 삶의 잠정성은 내 삶의 일부이기에 소중하다. 그렇지만 끝이 반드시 있기에 떠날 준비를 해야 한다. 뜨겁게 현실을 살면서도 현실의 한계를 받아들이면서 하나님의 나라를 기다려야 한다. 신앙인들은 위기 속에서 상황 너머에 계시는 하나님으로부터 오는 희망을 바라보아야 한다. 역사의 종말을 향한 신앙은 현실을 풍성하게 만드는 힘이 된다. 종말에 대한 하나님의 청사진을 품고 최선의 삶이라는 작품을 남기는 것이다.

제 5원리는 포로로부터의 회복을 기다리는 신앙이다. 하나님은 포로살이로부터 회복을 기대하게 하신다. 단절된 포로기에는 누릴 수 없는 하나님의 임재 경험을 회복의 출발로 여기신다. 하늘 성전에서 경험되는 하나님의 임재를 통해 포로를 넘어선 새로운 희망을 갖게 하신다. 포로 시대나 팬데믹 시대에 황폐한 성소에 주의 얼굴 빛을 비추시기를 기도하며 회복을 기다리게 하신다.

제 6원리는 포로 시대에 포로들과 더불어 살아가는 것이다. 종말을 기다리면서 제한된 기간에 이웃을 환대하며 더불어 살아가는 것이다. 포로 시대와 팬데믹 시대 뒤에 하나님은 당신의 백성들을 위하여 풍성한 식탁을 준비하신다. 우리들은 연약하고 도움이 필요한 자들을 환대하며 정성스럽게 준비한 만찬을 나누며 더불어 살아가라는 요청을 받는다. 이웃을 향한 우리의 작은 환대는 곧 하나님께 드리는 최고의 선물일 뿐 아니라, 우리들을 새로운 세계로 인도하는 원동력이 된다.

포로 시대와 팬데믹 시대를 위한 다니엘서 읽기

부록

다니엘서와 신약성경과의 관계

이제 다니엘서가 신약성경의 종말 신앙에 어떻게 영향을 주었는지 살펴보자. 다니엘서에 나타난 종말 전승은 구약에 머물지 않고, 신약 시대의 기독교 공동체에 영향을 미쳤다. 공동체는 다니엘서의 본문전승text에 따라 종말이 성취될 것을 믿었다. 이것을 이해하려면 정경해석방법에서 사용하는 본문text과 공동체community의 상호관계를 알아야 한다.

다니엘서

본문text   ⇩ ⇧   공동체community

신약성경

신약성경에 인용된 다니엘서 연구를 위해 다니엘서의 본문전승을 강조하는 비엘G. K. Beale과[1] 공동체를 강조하는 모이이스Steve Moyise를[2] 주목할 수 있다. 기독교 공동체는 다니엘서의 종말전승을 하나님의 말씀으로 믿고 그 예언대로 이루어질 것으로 기대했다. 다른 한편으로는 다니엘서에서 말하는 종말이 예수 그리스도의 초림과 재림을 통하여 자기들의 시대에 성취되었다고 고백한다. 비록 요한계시록에

---

1   비엘은 종말의 성취가 신약시대의 정황보다 다니엘의 예언에 근거한 것임을 더 강조한다. 비엘 (G. K. Beale)은 요한계시록을 다니엘서의 미드라쉬(midrashi)로 보고, 신약성경의 정황(context) 보다는 다니엘의 예언 성취를 더 중요하게 여겼다. G. K. Beale, *The Use of Daniel in Jewish Apocalyptic Literature and in the Revelation of St. John* (New York: University Press of America, 1984); ibid, *John's Use of the Old Testament in Revelation* (JSNTS 166; Sheffield: Sheffield Press, 1998).

2   모이이스는 구약성경의 본문이 어떻게 신약시대의 정황(context)과 상호 작용했는가를 강조한다. 그는 본문상호 교차이론(intertextuality)과 독자반응-비평(reader-response criticism) 이론을 사용한다. Steve Moyise, *The Old Testament in the Book of Revelation* (Sheffield: Sheffield Academic Press, 1995), ibid, *The Old Testament in the New: An Introduction* (London: Bloomsbury, 2015).

서술된 종말의 실현이 다니엘서와 문자적으로 완벽히 일치하지 않고 문맥적인 불일치가 있다고 해도, 기독교는 요한계시록을 다니엘서 예언의 성취로 해석한다. 요한계시록의 종말은 다니엘서의 내용을 넘어서고 실제로 다니엘서에 없는 내용들을 포함한다. 이러한 불일치는 다니엘서와 무관한 새 계시라기보다 감추어진 계시가 예수 그리스도 안에서 드러났다고 보아야 한다.

신약성경 종말론에 영향을 준 다니엘서의 본문전승(text)

다니엘서는 신약성경 종말론에 어떤 영향을 주었을까? 한국교회의 다니엘서 해석은 보수적인 방법과 진보적인 방법으로 나누인다. 보수적인 방법은 1-6장을 주전 6세기에 살았던 다니엘과 친구들의 역사로, 7-12장은 다니엘의 예언으로써 '역사의 종말'에 이르는 시간표를 보여주는 코드로 읽는다. 이 방법은 7-12장에 나타난 주전 2세기 공동체의 정황을 무시하고 주전 6세기와 '역사의 종말'을 바로 연결하려는 시도이다. 또 다른 진보적인 방법은 다니엘서 7-12장을 안티오쿠스 박해 시대의 하나님의 백성을 위로하면서 핍박을 견디게 하려고 쓴 역사적인 책으로 본다. 다니엘의 예언을 순수한 예언이 아니라 사건 이후에 기록한 사후 예언으로 보는 것이다. 이 방법은 주전 6세기 다니엘을 실제가 아닌 창작된 인물로 여긴다. 이 방법들과 달리, 종교

개혁적인 성경해석은 본문이 당대 사람들이 이해할 수 있는 한 가지 문자적인 의미를 담고 있으면서도, 동시에 본문이 상징이 되어 미래의 계시를 드러낸다고 이해한다. 가장 이상적인 다니엘서 해석은 다니엘서를 그 시대의 신앙인들에게 중요한 종말의 계시일 뿐 아니라, 주전 2세기와 오늘날 기독교인들을 위한 종말의 계시로 보는 것이다.

이제 다니엘서의 본문전승^{text} 중에 어떤 전승들이 신약성경의 종말론에 영향을 주었는지 살펴보자. 성경적인 종말론은 다니엘서를 기준으로 시작되었다. 다니엘서 종말해석에서 중요한 원리는 하나님의 계시는 상징적으로 주어졌고, 매 시대의 공동체가 이 계시를 공동체의 정황에 맞게 해석했다는 것이다. 2장에서 네 금속^{순금, 은, 놋, 쇠}이 바벨론 시대에는 네 왕들을 상징하는 바벨론이었지만, 그리스 시대에 네 나라로 발전하였고, 7장에서 네 짐승들^{사자, 곰, 표범, 그리고 넷째 짐승}은 '역사의 종말'까지 계속될 네 나라를 상징한다. 주전 2세기 공동체는 역사의 마지막 나라를 그리스로 이해했지만, 로마의 통치가 시작된 후에는 로마라고 해석한다. 이는 메대와 바사^{페르시아}를 한 나라로 이해하는 본문에 근거한다^{단 5:28; 6:8, 12, 15; 8:20}. 이런 해석에 따라 유대교와 기독교는 네 나라를 바벨론-메대/바사-그리스-로마로 해석하게 된다^{요세무스, 제4에스라서, 요한계시록}.

그렇다면 주전 6세기의 다니엘이 주전 2세기의 공동체를 위한 예언임에도 어떻게 '역사의 종말'을 가리키는 예언이 되었는가? 다니엘서 7-12장은 주전 2세기 안티오쿠스 4세 때에 일어난 공동체의 위기에 대한 예언이다. 이 예언 중 주전 2세기에 실현된 요소들도 있지만, 실현되지 않은 예언들은 실패된 것이 아니라 '역사의 종말'에 실현될 것으로 믿었다. 그러면 어떤 것들이 주전 2세기를 넘어서 역사의 종말까지로 재해석되었을까? 다니엘서 7장에서 마지막 나라는 그리스로 이해되고 "세 때 반"은 그리스 멸망까지의 남은 기간을 가리켰다. 마지막 나라가 로마로 재해석 된 후에 "세 때 반"은 다시 종말 이전의 남은 기간을 상징하게 되었다. 안티오쿠스와 같은 왕들과 교회를 상징하는 "지극히 높으신 이의 성도들"이 받는 핍박도 '역사의 종말' 직전에 존재하는 것으로 이해되었다. 또 "인자 같은 이"와 하나님 나라의 도래는 '역사의 종말'의 용어가 되어 예수 그리스도 안에서 성취될 것으로 고백되었다. 8장은 숫양을 메대와 바사페르시아로 숫염소는 헬라그리스로 해석하면서 그리스와 안티오쿠스의 멸망이라는 실제 역사를 예언한 것으로 이해되었다. 8장의 "이천삼백주야"도 문맥적으로 안티오쿠스의 핍박의 종결과 성전 청결까지의 기간을 의미하게 되었다단 8:13. 2,300주야는 1,150일을 의미하는 것으로써 주전 164년 마카비에 의하여 성소가 회복될 때까지의 기간을 의미하기에, 2,300주야를 2,300년으로 산출하는 제칠일 안식교의 계산은 근거가 없다.[3]

9장의 70이레의 끝은 8장과 동일한 성소의 회복이다. 종말까

---

3   제칠일 안식교는 2,300주야(단 8:14)를 2,300년으로 해석하고 457년부터 1844년까지라고 보면서 안식교 교리를 확립한다. 제 칠일 안식교에게 1844년 10월 22일이 중요한 이유는 윌리엄 밀러 (W. Miller)가 이 날에 예수가 재림할 것이라고 예언을 했으나 실패로 돌아갔고, 엘렌지 화이트 (Elleng White)여사가 환상 중에 그날에 예수께서 하늘의 지성소로 들어가는 것을 보았다고 주장했기 때문이다. 2,300주야를 2300년으로 해석하는데 제시된 성구는 다니엘 8:14, 9:25, 에스라 7:11-26 등이다. 다니엘 8:14는 다니엘이 본 환상으로서 "그가 네게 이르되 2300 주야까지니 그때에 성소가 정결케 함을 입으리라"기록됐고 이 2,300주야에 대한 환상을 다니엘 9:25의 예루살렘을 증진하라는 말과 연결시켰으며 그것을 다시 에스라 7:11-26에 나오는 아닥사스다 왕의 에스라에게 내린 조서와 연결시켰다. 바로 아닥사스다 왕의 조서가 내려진 때가 B.C. 457년이 되는데 그 때로부터 2,300년 후가 바로 화이트 부인이 환상을 본 해가 되는 것이다(B. C. 457 + 2300 = 1844). 안식교는 그리스도께서 오셨으나 지상에 오시지 않고 하늘의 지성소에 오셔서 그곳을 정결케 하시고 조사심판을 시행하고 계시다는 견해를 채택했다. 조사심판은 그리스도께서 하늘의 지성소에 들어가셔서 누가 참된 크리스찬인가를 보시기 위해 심령을 감찰하시기 시작하셨다 한다. 『제칠일 안식일 예수재림교 기본교리』 27 (서울: 시조사 , 1990).

지 "한 이레"는 주전 171년 오니야스 3세의 죽음과 관계되고, "세 때 반"은 안티오쿠스의 성소 훼파가 절정에 이르는 주전 167년이다. 또한 9장 27절에서 안티오쿠스의 때 성소 훼파를 가리키는 말인 "가증한 것이 날개를 의지하며 서는 것"은 역사의 종말이 가까웠음을 상징한다. 11장에서 주전 2세기 공동체는 안티오쿠스의 죽음^{단 11:40-45}과 더불어 '역사의 종말'^{단 12:1-4}이 시작될 것으로 이해했다. 실제로 안티오쿠스의 죽음 이후에 '역사의 종말'은 지연되고 중간 시대가 계속되었다. 마지막으로 '중간 시대'의 공동체를 위한 말씀^{단 12장}에서 '역사의 종말' 이전에 교회가 핍박을 받는 "한 때 두 때 반 때"의 남은 기간이 있음을 알게 된다.

다니엘서와 신약성경

다니엘서는[4] 그리스의 왕 안티오쿠스 4세의 박해를 받으며 역사적 위기 가운데 읽힌 책이지만,[5] 그리스의 멸망 이후에는 마지막 나라를 로

---

[4]　구약성경에서 유일한 묵시문학인 다니엘서의 1-6장에서 실제적으로 이방제국에서 사는 디아스포라의 역사적인 포로 상황을 다루었다면, 7-12 장에서는 백성들이 포로에서 팔레스틴으로 돌아오기는 하였지만 여전히 이방제국의 지배를 받는 상황의 자신들을 포로로 해석한다. 안티오쿠스 4세 치하에서 팔레스틴에 살고 있는 백성들은 바벨론 포로기 가운데 종말을 기다리면서 신앙을 지키고 토라를 지켰던 디아스포라의 이야기를 안티오쿠스 4세의 운명과 자신들의 운명을 보여주는 예언으로 읽고, 안티오쿠스 4세의 종말과 이스라엘 백성의 회복을 기다렸다.

마로 이해한다.[6] 이는 다니엘서를 넘어서는, 또는 다니엘서의 저자가 깨닫지 못했던 새로운 계시이다. 유대인 역사학자인 요세푸스는 넷째 나라를 로마로 해석하였다.[7] 제 4에스라서[8]와 전통적인 유대교에서도 동일하다.[9] 요한계시록은 다니엘서 7장을 변형하여 바다로부터 나오는 짐승을 로마로 이해한다계 13:1-10. 신약성경은 다니엘서의 권위에 근거하여 종말을 이해한다. 복음서 기자들은 다니엘서에 담긴 종말에 관한 진술에 비추어 자신들의 시대에 종말이 실현될 것을 믿고, 다니엘서의 언어를 사용하여 종말에 관한 계시를 표현한다. 임박한 종말 징조는 가증한 것이 거룩한 곳에 설 때이다마 24:15; 단 9:27. 종말에 있을 전쟁은 역사 이래 다시 없는 큰 환란을 동반한다단 12:1; 마 24:21. 이 예언은 우주의 종말과 함께 선포마 24:29-31되며, 이 종말은 인자의 등장과 함께 이루어진다마 24:30-31; 26:64.

---

5   대부분의 학자들이 이에 동의한다. 최종 본문은 바벨론 시기나 페르시아 시기보다는 안티오쿠스의 핍박이 절정인 기원전 168-165년경에 기록된 것으로 여긴다. Daniel J. Harrington, *The Maccabean Revolt: Anatonomy of a Biblical Revolution* (Wilmington, Delaware: Michael Glazier, 1988), 17. J. A. Montgomery, *Daniel* (ICC; New York: Edinburgh, 1927). 59.

6   메대와 바사를 두 나라로 보거나 한 나라로 볼 수 있는 본문의 읽기 가능성 가운데 한 나라로 읽기를 선택함으로 네 나라들 중에 마지막 나라인 넷째 나라를 그리스가 아니라 로마로 이해한다. 메대를 독립된 나라로 볼 경우에는 넷째 나라가 그리스가 되고, 메대와 페르시아를 한나라로 볼 경우 넷째 나라가 로마가 된다. 다니엘서는 두 가지를 모두 말하고 있다. 한편으로 메대 나라는 바벨론 나라와 바사 나라 사이에 존재하는 나라로 이해된다(5:31; 9:1; 6:28; 10:1; 11:1, 2). 다른 한편으로 메대 나라와 바사 나라는 한 나라처럼 묘사된다(5:28; 6:8, 12, 15; 8:20).

7   요세푸스, 『유대고대사 II』(서울: 성서연구원 / 하바드 대학 출판부, 1992), 10권, 208-210.

8   "네가 본바 바다로부터 오는 독수리는 네 형제 다니엘에게 보여준 환상에 나오는 넷째 나라다." (제 4에스라 12:11). J. H. Charlesworth (ed.), *The Old Testament Pseudepigraphy* (New York: Doubleday, 1983), 550.

9   R. Anderson, *Signs and Wonders* (Grand Rapids, MI: Eerdman, 1984), 21.

다니엘서와 요한계시록

다니엘서와 요한계시록은 동일하게 공동체의 신앙을 위협하는 긴박한 위기 아래 쓰였다. 그리스의 안티오쿠스 4세는 로마의 도미시안 Domitian 으로 대체되며 적그리스도로 표현된다. 그리고 왕국의 멸망과 하나님 나라의 도래가 기대된다. "한 때, 두 때 반 때"라는 기한은 왕국의 종말까지 남겨진 기간을 상징한다계 12:14. 인자는 하나님 나라가 도래할 때 주권자로 나타난다. 맨티시즘을 따라 짐승은 하늘에서 심판을 받고 지상에서의 최종적인 멸망을 기다린다. 그러나 요한계시록에는 다니엘서의 종말 이해가 발전된다. 예수는 이미 지상에서 고난을 겪은 어린 양이다. 핍박받는 교회 공동체를 위하여 메시지가 주어졌다. 악의 화신인 사탄은 하늘에서 쫓겨나고, 지상에서 지속적으로 교회를 위협하는 존재이다. 두 책은 순교의 윤리를 제시하지만, 요한계시록은 순교 후에 맞이할 하나님 나라를 더 자세히 묘사된다. 다니엘서는 유대교와 기독교가 공유하는 종말신앙을 담고 있다. 하지만 요한계시록은 더 진전된 종말에 관한 계시를 보여준다. 최후의 심판, 영생, 하나님 나라에서의 삶에 대한 계시가 예수 그리스도의 빛 아래에서 더 많이 드러나기 때문이다. 순교 앞에서 신앙의 지조를 지키는 자들에게 임할 상급이 기대되는 것이다.

요한계시록의 저자가 주전 2세기에 전해진 다니엘서의 전승을 사용하여 종말신앙을 전개한 이유는 무엇일까? 다니엘서 7장에는

'위기의 종말'과 함께 '역사의 종말'이 올 것이라고 믿었지만 안티오쿠스의 죽음 이후에 '역사의 종말'은 성취되지 않았다. 요한계시록의 저자는 이것을 예언의 실패로 보지 않는다. 대신에 다니엘서의 상징을 가지고 예수의 재림을 통해 이루어질 '역사의 종말'을 서술한다. 인자는 구름을 타고 오는 존재이다계 1:7; 단 7:13. 그래서 인자의 도래는 하나님의 현현과 유사하다계 1:14; 단 7:9. 이방인들이 거룩한 성을 짓밟을 기간은 마흔 두 달이다마흔 두 달, 계 11:2; 천이백육십일, 11:3; 세 때 반, 단 7:25; 단 12:7, 이천 삼백 주야, 단 8:13. 무저갱으로부터 올라오는 짐승이 전쟁을 일으켜 그들을 죽일 것이다계 11:7; 단 7:3, 21. 짐승은 바다에서 올라온다계 13:1; 단 7:3. 그 짐승은 열 개의 뿔과 일곱 개의 머리를 가지고 있다계 13:1; 단 7:20. 짐승의 모양은 표범, 곰의 발, 사자의 입과 같다계 13:2; 단 7:4-6. 이렇게 다니엘서 7장과의 연속성을 통해 요한계시록은 모든 제국들이 하나님을 대항한다는 면에서 변함없음을 강조한다. 짐승이 과장되고 신성모독을 말하는 입을 받아 하나님을 비방한다계 12:5-6; 단 7:8, 11. 짐승이 성도들과 싸우며 잠깐 이긴다계 12:7; 단 7:21. 짐승은 어린 양과 싸우지만, 마침내 어린 양의 승리를 예견한다계 17:12-14.[10]

　　이렇게 요한계시록은 다니엘서 용어를 사용하면서도, 위기에 직면한 요한계시록의 독자들의 역사적인 상황을 서술한다. 다니엘의 예언에 따라 종말이 시작되었지만, '역사의 종말'이 다시 '재림의 언어'로 바뀌었다. 다니엘의 권위 아래에서 종말 예언은 예수 그리스도의 재림으로 성취되는 새 계시로 바뀌었다. 구약성경의 권위와 예수

10　위의 책.

그리스도로 인한 새 계시의 긴장이 존재하고 있다.

다니엘서의 숨겨진 계시가 드러난 신약성경

―

신약성경은 다니엘서의 예언에 기초하여 종말을 기다렸다. 그렇지만 경험한 종말은 문자적인 다니엘서의 내용이 아니라, 드러나지 않았던 새로운 계시였다. 새 계시의 전제는 구약성경에서 기다리던 메시아가 예수 안에서 실현되었다는 것이다. 구약성경에서 '하나님-인자'의 관계는 '하나님-예수 그리스도'의 관계로 표현된다. 기독교 공동체는 하나님께서 구약 시대에 역사하신 방법대로 신약 시대에도 역사하실 것을 믿는다. 동시에 구약성경에서 드러나지 않은 새 계시가 예수 그리스도를 통하여 새롭게 드러나는 가능성을 열어 놓는다. 구원사의 연속성 측면에서 구약성경은 신약성경의 계시의 기준이 되지만, 신약성경의 계시가 구약성경의 계시를 뛰어넘는 새 계시가 되므로 구약성경과는 불연속적인 특징을 보여준다. 구약성경에서의 종말은 세상 나라의 종언과 함께 하나님의 나라가 시작됨으로 이루어진다고 표현되었다. 신약성경에서의 종말은 예수의 초림을 통하여 경험되지만, 종말의 완성은 그리스도의 재림을 통해 이루어지기에 구약성경의 종말에 관한 모든 상징은 다시 예수의 재림에 초점을 맞추게 된다. 신약성경은 구약성경의 권위에 근거하여 구약성경에서 예언한 종말을 기다렸다. 하지만 그들이 고백하고 서술하는 종말의 계시는 다니엘서가 드러내지 않은 새 계시의 형태로 요한계시록에 나타난다. 이제 예수 그리스도의 초림과 재림에 근거한 요한계시록의 종말론이 다니엘서의 종말론을 확장하여 정경적인 종말론이 되었고, 이것이 교회 종말을 위한 정경적인 계시가 되었다.